Mario Offenhuber (Hrsg.)

Menschen kaufen Emotionen – keine Produkte

Wie Banken davon profitieren können, ihre Kunden emotional anzusprechen

Schriftenreihe des
Banken-Symposium Wachau

mit Beiträgen von

Johannes Haid
Matthias Horx
Tamara Kunert
Josef Mayerhofer
Mario Offenhuber
Michaela Reifetshammer
Binjamin Sancar
Sebastian Schäfer
Christoph Seiser
Nicole Walzhofer

Krems, 2023
Buchschmiede

Inhaltsverzeichnis

Einleitung

Emotionen statt Fakten: das Thema des Banken-Symposium Wachau 2023

Das Geschäft der Banken steckt voller Fakten: Zinssätze, Gebühren, Laufzeiten, Sicherheiten, Anlagekriterien und viele mehr. Beschrieben werden damit Produkte und Dienstleistungen, die über die gesamte Branche vollkommen austauschbar sind. Für den Kunden macht es keinen Unterschied, ob das Sparbuch gelb oder rot ist, ob der Kredit von der einen oder der anderen Bank kommt. Es ist immer das gleiche Geld, es ist immer das gleiche Produkt. Womit spricht man als Unternehmen seine potenziellen Kunden aber an, wenn man sich in keiner Hinsicht von der Konkurrenz unterscheidet?

In den letzten Jahren hat man in der Branche versucht, sich über das Thema der Digitalisierung zu differenzieren: Online Banking, Online Brokerage, diverse Apps, Push-Funktionen, digitale Kontrolle der Haushaltskosten und Ausgaben, online Abschluss von Konsumkrediten, neue mobile Bezahlfunktionen usw.

Auch in diesem Bereich hat man allerdings schnell festgestellt, dass positive Unterscheidung dadurch nicht möglich ist. Jede Funktion ist schnell kopiert, sodass sämtliche Banken im Wesentlichen die gleichen digitalen Funktionen anbieten. Digitalisierung wurde damit zum Hygienefaktor: Man muss diese Angebote darstellen, ohne daraus positiven Nutzen zu ziehen. Es wirkt sich lediglich negativ aus, wenn man vom Standard abfällt.

Diese Austauschbarkeit stellte die Ausgangssituation für das Banken-Symposium Wachau 2023 am 1. Juni im Stift Göttweig dar. Und es wurde dazu die folgende These formuliert:

„Der Weg zur Differenzierung führt nicht über die faktische Argumentation, sondern über die Gefühlsebene. Wo absolute Austauschbarkeit herrscht, zählt die Emotion weit mehr als der Verstand.“

Es gibt einige Möglichkeiten, um sich als Unternehmen oder Bank von der Masse emotional abzuheben und beim Banken-Symposium Wachau 2023 wurde der Werkzeugkoffer der emotionalen Differenzierung durchstöbert. Dabei ging es um das Konzept des Beyond Banking, um die Frage, was Neuromarketing ist und was es bewirken kann, um die Chancen, die optimales digitales Business Design eröffnet und auch um neue Formen der Zielgruppenansprache wie Influencer Marketing.

Die Expertinnen und Experten, die beim Event ihr Wissen mit dem Publikum geteilt und diskutiert haben, haben im vorliegenden Sammelband die Quintessenz ihrer Vorträge zusammengefasst. Das reicht vom großen Ganzen einer neuen „Sinnökonomie“, in der Konsumenten von Unternehmen einen Purpose zusätzlich zum eigentlichen Kerngeschäft erwarten, bis hin zu einzelnen Maßnahmen der emotionalen Bindung. Neben der zielgerichteten Positionierung der Marke und dem Einsatz von Gamification spielt in diesem Kontext nach wie vor die schon häufig totgesagte Filiale eine große Rolle.

Wenn wir über die Bankenbranche nachdenken, fällt uns wahrscheinlich als Erstes das Bild einer sehr konservativen, streng regulierten Branche ein, in der Vertrauen und Sicherheit die höchsten Güter sind. Doch in einem Zeitalter, in dem Kunden immer mehr Möglichkeiten und Auswahl haben, reichen Vertrauen und Sicherheit nicht mehr aus, um sie langfristig an ein Finanzinstitut zu binden. Banken müssen einen Schritt weiter gehen und nicht nur die Köpfe, sondern auch die Herzen ihrer Kunden gewinnen.

Wenn Produkte und Leistungen vollkommen austauschbar sind, kann Differenzierung nicht mehr auf diesen Ebenen stattfinden.

Banken können ihre Kunden nur überzeugen und begeistern, indem sie ihnen einen emotionalen Mehrwert bieten. Das vorliegende Buch enthält dazu hoffentlich wertvolle Anregungen.

Mario Offenhuber im Oktober 2023

Purpose, Emotionen, Megatrends

Matthias Horx

Purpose, Emotionen, Megatrends: Wie wir die Zukunft neu entdecken können

1. Der Zukunfts-Mind

Menschen sind Träger eines FUTURE MIND. Wir haben ein Geschenk von der Evolution bekommen, das einmalig ist: Wir können in unserem Bewusstsein die Zeit vor- und zurückspulen. Man nennt das auch "Episodic Future Thinking" (EFT): Wir „spielen" uns die Zukunft aus Verbindung von Vergangenheit, Gegenwart und „dem Kommenden" vor wie in einem Film, der gleichzeitig ein Historienfilm, eine Gegenwartskomödie und Science Fiction ist.

Unsere eigentliche Intelligenz ist also die Zukunftsintelligenz. Das heißt nicht, dass wir ALLES voraussagen können - auch der beste Zukunftsforscher oder Prognostiker kann das nicht. Aber wir können in Möglichkeiten, in Kontingenzen denken. Wir können uns die „drei P" vorstellen: The possible, the probable, the preferable. Das Mögliche, das Wahrscheinliche, das Bessere.

Die Gattung Homo Sapiens verfügt damit über einen entscheidenden Überlebensvorteil. In seinem Buch „Mindsight" beschreibt der Neurologe und Achtsamkeitsforscher Daniel L. Siegel die evolutionären Vorteile des futuristischen Hirns so:

„Viele verschiedene Tierarten verfügen zwar über ein Nervensystem, mittels dessen sie manche Ereignisse antizipieren können - zum Beispiel, wenn sie in einem Experiment zum konditionierten Lernen ein aufblinkendes Licht mit einer Belohnung in Zusammenhang bringen. Für die Zukunft zu PLANEN hingegen scheint eine Erfindung des Präfrontalen Cortex zu sein. Sich Dank der Vorstellungskraft in die Zukunft zu begeben ist das Erbe der präfrontalen Entwicklung. Diese Krönung des Präfrontalen Talents - sich vom Heute zu lösen und für morgen zu planen - lässt uns Gebäude bauen, Ausbildungsprogramme ausarbeiten und auf den Mond fliegen. In vielerlei Hinsicht kann man den Präfrontale Cortexbereich den Cortex Humanitatis nennen, indem er für sehr vieles entscheidend ist, was ausgesprochen menschlich ist."

Siegel, Daniel J. (2012), Seite 347[1]

Allerdings müssen wir auch wissen, was wir nicht wissen, um zu guten „Beziehungen" zur Zukunft zu kommen. Das ist nicht gerade einfach. Wir neigen auch zur „Future Bias".

Unser Hirn ist ein DREISCHICHTIGES Hirn, dessen Schichten stark miteinander vernetzt sind. Im STAMMHIRN werden wie bei allen Säugetieren die ursprünglichen Instinkte prozessiert; Reflexe, Flucht, Verstecken, Angriff, aber auch die Regulationsfähigkeiten von Muskelkontraktion, Verdauung, Erregung. Im LIMBISCHEN HIRN, der zweiten Schicht, werden die basalen Instinkte zu Emotionen verfeinert. Hier sind die emotionalen Bewertungssysteme verankert. Erinnerung (Hippocampus) und Angst (Amygdala) bilden hier die Taktmeister.

---

[1] Siegel, Daniel J. (2012): Mindsight. Die neue Wissenschaft der persönlichen Transformation. München: Goldmann.

Nur der Mensch besitzt zusätzlich eine große dritte Schicht über dem limbischen System, den NEOCORTEX. Diese Neuronenschicht ist an manchen Stellen nur zwei, drei Millimeter, oder zehn bis 20 Neuronenschichten dick, hat aber eine enorme Neuronendichte aufzuweisen. Hinter unserer Stirn ballt sich der präfrontale Kortex zu einer Verdickung. Selbst ein hochentwickelter Computerchip ist dagegen linear konstruiert. Jedes der Milliarden Neuronen im präfrontalen Cortex hat bis zu 1.000 Verbindungsoptionen zu anderen Neuronen.

Noch vor wenigen Jahrzehnten, am Anfang des Computerzeitalters, dachte man, das Gedächtnis sei aufgebaut wie eine Art fixierter Speicher. Es gäbe zum Beispiel beim Erkennen der Großmutter eine fixe Großmutterzelle, die „anspringt", wenn wir an unsere Großmutter denken. Heute wissen wir, dass sich die „Großmutter" immer auf ein ganzes Netzwerk von Neuronen bezieht. Und sich sehr schnell in, sagen wir, einen Wolf verwandeln kann (deshalb unser Talent zur assoziativen Betrachtung der Wirklichkeit).

Unser Hirn „halluziniert" sehr gerne - ähnlich wie die Künstliche Intelligenz, die sich durch Algorithmen „die Welt zusammenreimt". Wir Menschen tun das eher mit Emotionen, die uns schnelle, instinktive Informationen ermöglichen. Aber eben auch Täuschungen erzeugen.

Jeder hat schon einmal die optischen Täuschungen erlebt, die dunkle Punkte aufs Papier zaubern, wo keine sind, oder Kreise rotieren lassen, die stillstehen, wenn man seinen Blick nicht darauf fixiert. Wir alle haben schon einmal über die erstaunlichen Fähigkeiten von Magiern und „Illusionisten" gestaunt. Dabei haben wir vielleicht sogar gewusst, dass es sich um aufwendige Tricks handelt. Aber nicht geglaubt. Deshalb konnten wir uns verzaubern lassen.

Es gibt wichtige BIASES, Verzerrungen der Wahrnehmung, die uns in unserer Zukunftswahrnehmung und unseren Handlungen in Bezug auf die Zukunft beeinflussen. Die Wichtigste ist die „Confirmation Bias": Wenn wir eine bestimmte These oder einen Verdacht über die Welt einmal angenommen haben, nehmen wir nur noch Inhalte wahr, die diese These bestätigen. Ein typischer Effekt bei Verschwörungstheorien.

Eine weitere dieser Verzerrungen ist die „Verlust – Aversion": Wir bewerten Verluste immer höher als Gewinne. Wenn wir bei einem Sparvermögen von 2000 Euro 100 Euro verlieren, ärgert uns das ungleich mehr, als wir uns über 100 Euro Zuwachs freuen. Etwa im Faktor eins zu drei. Das beeinflusst natürlich unser Anlageverhalten. Und unser Verhältnis zu den Banken.

Oder das TOQUEVILLE-Paradox: „Der Abbau von Unrecht schärft die Sinne für Ungerechtigkeiten, die noch weiterhin bestehen, und gerade die Reform schlechter Sozialverhältnisse erhöht die Wahrscheinlichkeit ihrer revolutionären Veränderung.", schreibt Alexis de Toqueville. Das heißt: Je gleicher und chancenreicher eine Gesellschaft wird, desto mehr wird die Ungleichheit angeprangert. Für die moralisch und populistisch aufgeladenen Debatten unserer Zeit findet sich hier eine Erklärung.

Das Salk-Modell des Wandels

Wir leben heute in Krisenzeiten. Krisenzeiten sind stets Übergangszeiten. Eine Epoche ist an ihrem Ende angelangt, eine neue hat noch nicht recht begonnen. In diesem Vakuum blühen die Konflikte, die Streitereien, die Unsicherheiten, die Ängste. Wie können wir solche Zeiten besser verstehen, ohne in Panik zu verfallen?

Der amerikanische Kinderarzt und Pharmazeut Jonas Salk (1914-1995) schenkte der Menschheit Anfang der 50er-Jahre das Polio-Vakzin, den Impfstoff gegen die Kinderlähmung. Neben seiner Forschertätigkeit war Salk ein universalistischer Humanist.

Er beschäftigte sich sein ganzes Leben mit der Zukunft und den Rhythmen und Geheimnissen des Wandels.

Ein spezielles Interesse hatte Salk für die Entwicklung der Weltbevölkerung. Er sah bereits in den 50er-Jahren hellsichtig voraus, dass die Weltbevölkerungskurve in der Mitte dieses Jahrhunderts ihren Zenit erreichen würde. Damals schon sanken die Geburtenraten in den Industrieländern, und Salk konnte als Immunologe und Kinderarzt die Zusammenhänge zwischen Kindersterblichkeit und der Abflachung der Bevölkerungskurve voraussehen.

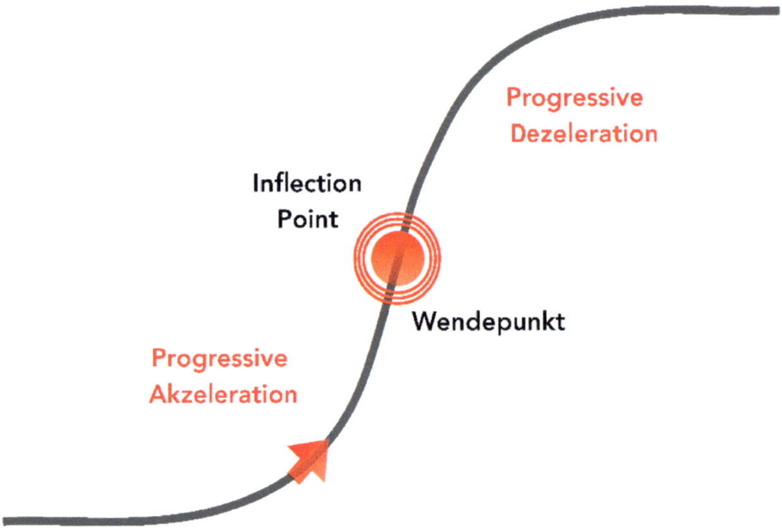

Abbildung 1: Darstellung des Wandels nach Jonas Salk

Eine seiner Grunderkenntnisse: Eine Sigmoid-Kurve besteht immer aus zwei Teilen. In ihrem aufsteigenden Teil herrschen expansive Erwartungen: Optimismus, Aufbruch, Dynamik. Wenn die Kurve ihre steilste Stelle überschritten hat, an ihrem INFLECTION POINT, dem Wendepunkt, ist, entsteht eine neue Grundstimmung. Man spürt, dass etwas zu Ende geht. Sich nicht mehr im gewohnten Sinne steigern lässt. Das führt zu einer Phase der Verunsicherung, der Wutbereitschaft und Zukunftskonfusion. Trend folgt auf Gegentrend. Paradoxien wuchern. Bedeutungen verschieben sich. „Vergangenheits-Rebellionen" entstehen.

Der eigentliche Epochenwandel findet jedoch im Hintergrund statt - in einer zweiten Linie, die den Aufstieg eines neuen Paradigmas abbildet. Dieses Paradigma kündigt sich bereits im ALTEN Normal an, bleibt dort aber noch in einer Minderheitsposition. Denken wir an den Aufstieg des Christentums ab dem vierten Jahrhundert. Die Renaissance. Die Aufklärung. Es waren zunächst immer „untergründige Strömungen", die von kleinen Gruppen oder Eliten getragen wurden, die einen neuen MINDSET ankündigten.

Die ökologische Wende passt genau in dieses Schema. Noch gelten in unseren mental-sozialen Systemen die Paradigmen des fossilen Industrialismus. Der momentane Streit um die Ökologie bildet den Kampf einer absteigenden Idee gegen eine aufsteigende Idee ab.

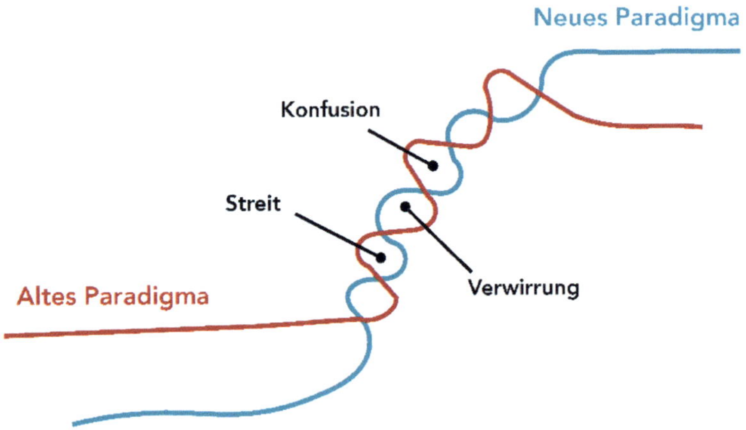

Abbildung 2: Modell einer Veränderungsdynamik

2. Die Macht der Megatrends

In der Trend- und Zukunftsforschung hat sich in den letzten Jahrzehnten der Begriff der MEGATRENDS durchgesetzt. Dabei handelt es sich nicht nur um besonders „große" Trends im Sinne eines „Volumens". Sondern um sehr viel- und tiefschichtige Kräfte, „Semantic Shifts", die auf alle Aspekte unseres Lebens Einfluss nehmen. Man nehme etwa die Digitalisierung oder die Globalisierung als technische und ökonomische Leittrends. Oder Individualisierung, der große Megatrend unserer sozialen Welt, der unsere Selbstwahrnehmung und unser Menschenbild radikal verändert hat.

In den letzten Jahren können wir beobachten, dass die klassischen Megatrends brüchig werden. Die Globalisierung zum Beispiel scheint an einem „Tipping Point" angekommen zu sein, was nicht zuletzt die gebrochenen Lieferketten in der Corona-Zeit zeigten.

Der Krieg in der Ukraine. Oder die heutigen Spannungen zwischen der westlichen Welt und China. Der Globalisierungsprozess als „große ökonomische Integration“ funktioniert nicht mehr. Gegen den Trend der Individualisierung hat sich ein Gegentrend zum „Identitären“ gebildet, der eher wieder auf kollektive Identitäten setzt.

Gegen jeden Trend entwickelt sich irgendwann ein Gegentrend, der einerseits den Megatrend unterbricht, andererseits aber auch stärker werden kann als der ursprüngliche Trend selbst. In diesem Prozess entsteht gleichzeitig eine „Komplexitätsschleife“, bei der sich aus Trend und Gegentrend eine NEUE SYNTHESE bildet. Diese Synthese hebt den Konflikt auf einer höheren Ebene auf.

Einige Beispiele dazu:

GloKALisierung: Die Verbindung des Lokalen mit dem Globalen, eine neue multipolare Weltordnung mit ständig wechselnden Allianzen und Bündnissen.

RUR-banisierung (Rural=Ländlich + Urbanisierung): Der Megatrend zur Urbanisierung, der sich in immer dichteren und „schnelleren“ Metropolen ausdrückte (bei höheren Preisen und immer mehr sozialen Konflikten) geht über in eine neue Form der Stadtflucht, die heute bereits statistisch messbar ist. Viele Metropolen verlieren wieder Einwohner, attraktive Regionen gewinnen hinzu. Dabei werden Großstädte „dörflicher“, viele ländliche oder kleinstädtische Regionen urbanisieren sich kulturell.

- vom Hyperurbanismus zum Comeback der Regionen

- von der Wissens- in die Könnensgesellschaft

- vom digitalen Super-Hype (Künstliche Intelligenz) zur Re-Humanisierung des Digitalen

NEO-Work: Im Bereich der Arbeitswelt findet derzeit eine UMDREHUNG eines alten Prinzips statt: des Primats von Kapital über die Arbeit. Zum ersten Mal in der Geschichte des industriellen Zeitalters leben wir in Arbeitsknappheit. Damit geht die lange Epoche der klassischen industriegeprägten Lohnarbeit zu Ende. In den USA und Teilen Europas kommt es heute zu einem regelrechten Exodus aus unbeliebten, als stressreich oder sinnlos empfundenen Jobs. Die Lohnarbeitsformen multiplizieren sich, der zeitlichen Achse (Teilzeit, Flexwork, Sabbaticals) werden nun auch räumliche Differenzierungen hinzugefügt (Home Office, Mobile Work). WorkLife-Balance-Formen multiplizieren sich.

Das führt zu komplett neuen Arbeitsmodellen und Anforderungen an die Betriebsorganisationen. Unternehmen müssen sich heute nach außen nicht nur zu den Kunden, sondern vor allem zu den kommenden MITarbeitern verständlich machen. Dadurch entsteht eine neue Sinn- und Zukunftsdebatte, bei der die Aufgabe eines Unternehmens, sein „Spirit“ und seine Aufgabe, wie nie zuvor zur Disposition steht.

3. Deep Purpose

Der Begriff PURPOSE ist in aller Munde. Von einem Professor der Harvard Business School stammt nun der Anschlussbegriff: DEEP Purpose.

Es geht zunächst um die Unterscheidung zwischen MISSION und PURPOSE. Die MISSION eines Unternehmens wird meistens auf Aktionärsversammlungen vorgetragen oder vom CEO gegenüber den Medien vertreten. Sie handelt von dem, was das Unternehmen im

Markt WILL. Im Kern steckt meistens ein WACHSTUMSZIEL: Wir WERDEN den Umsatz verdoppeln, wir MÜSSEN die Marge erhöhen! Missionen entstehen aus Kampagnendenken und sie vertreten eine Siegerlogik.

„Purpose" ist hingegen Sinn-Dimension. Es geht um die tieferen Bedeutungen eines Unternehmens für seine Umwelt. Das, was Unternehmen tatsächlich in Richtung Zukunft „Er-lösen" möchten, nicht nur VERDIENEN. Simon Sinek hat den Unterschied mit seiner simplen Golden-Circle-Regel auf den Punkt gebracht2. In der Mission geht es um das WIE und das WAS, im „Purpose" geht es um das WARUM.

„Purpose guides you, Mission drives you": Missionen kommen oft mit einer militärischen Logik einher. Spiel, Satz, Sieg. Visionen hingehen erzeugen eine Oszillation, die das Unternehmen UND seine Umwelt in Schwingung versetzen. Sie erzeugen eine Aura, eine Faszination, die das Unternehmen jenseits des Einkommens oder der Karriere faszinierend machen.

---

[2] Sinek, Simon (2011): Start with Why. How Great Leaders Inspire Everyone to Take Action. New York: Penguin Publishing Group. Seite 37-51.

Abbildung 3: Differenzierung Mission und Purpose

Mark Zuckerberg ist der klassische MISSIONAR: „Meine erste Priorität war immer unsere soziale Mission, Menschen zu verbinden." In diesem Satz zeigt sich eine Mission, die sich als Vision tarnt, aber nie eine war.

Steve Jobs hatte hingegen immer die klare Vision: „Technologie in Schönheit und Einfachheit für alle Menschen zu schaffen." Ob er das erreicht hat, darüber mag man streiten. Wenig Zweifel besteht aber an der Authentizität und Tiefe seiner Vision für die menschliche Kultur.

DEEP Purpose differenziert den SINN eines Unternehmens (im Gegensatz zum Zweck) noch einmal tiefer aus. Es geht dabei nicht nur um Moral und die gesellschaftlichen Verpflichtungen, sondern vor allem um das NARRATIV eines Unternehmens. Um seine AURA. Deep Purpose setzt sich aus folgenden Elementen zusammen:

- Das Master-Narrativ: Die große Erzählung von der Vergangenheit bis in die Zukunft.

- Die eigentliche Herausforderung (True Quest).

- Das bedeutsame Commitment - die Verpflichtung, auf die man sich einlässt.

- Standpunkt und Wahrheit: Wo man heute steht, und wie sich das überprüfen lässt.[3]

Umwelt, Unternehmenskultur und Gesellschaft treten in der „Next Economy" in eine tiefere Beziehung. Das muss dem Geschäft nicht schaden, im Gegenteil. Unternehmen ohne Aura, ohne Glanz, ohne „tiefen Sinn", der über das Geschäft hinausweist, werden es in der nächsten Runde schwer haben. Nicht nur Mitarbeiter zu finden. Sondern auch ihre eigene Daseinsberechtigung. Man könnte auch sagen: ihre Wahrheit.

[3] Gulati, Ranjay (2022): Deep Purpose. The Heart and Soul of High-Performance-Companies. New York: Harper Business.

Zur Person:

Matthias Horx gilt als profiliertester Zukunftsforscher des deutschsprachigen Raumes. Sein Einfluss reicht bis in die Chefetagen und die Politik.

In zahlreichen Publikationen hat der Gründer des Zukunftsinstituts sich mit den Fundamenten des Zukunftsdenkens auseinandergesetzt und dabei eine neue Schule der „universellen Prognostik" entwickelt. Seine Bücher wie „Das Buch des Wandels" oder „Anleitung zum Zukunftsoptimismus" wurden Bestseller.

Horx Vortragsstil entfaltet sich entlang der Traditionen der konstruktiven Rhetorik: Es geht um Welterkenntnis, aber auch Selbsterkenntnis. Um Vision, aber auch Reflexion. Um Veränderung der inneren Bilder, mit denen wir das Kommende betrachten. Um die Überwindung von Angst und die Wirkungen begründeter Zuversicht.

NeuroMarketing

Michaela Reifetshammer

NeuroMarketing: Was tatsächlich im Kopf passiert, während wir glauben, rationale Entscheidungen zu treffen

Stellen Sie sich vor, Ötzi wäre vor über 5.000 Jahren auf seiner Wanderung durch die Ötztaler Alpen auf dem Weg zu einer Bank gewesen. Wie hätte ihn sein Bankberater erfolgreich von einem Finanzprodukt überzeugen können? Genauso wie heute! Denn das menschliche Gehirn hat sich seit Jahrtausenden so gut wie nicht verändert. Das heißt, dass Ötzi bei der Entscheidung, ein Finanzprodukt zu kaufen, dieselben neuronalen Prozesse durchlaufen hätte, wie Ihre Kunden heute.

Wie treffen Menschen Entscheidungen?

Wir Menschen glauben, sehr rational zu denken. Doch die Neurowissenschaft hat bewiesen, dass wir 95 Prozent unserer Entscheidungen und 80 Prozent unserer Kaufentscheidungen implizit, also unbewusst, treffen. Diese beiden Zahlen sind nicht nur höchst erstaunlich und gewaltig, sondern auch der Schlüssel zur effektiven Kundenansprache. Wenn wir wissen, dass Menschen Entscheidungen nicht rein rational treffen, werden wir unsere Kommunikation dahingehend anpassen müssen.

Der Weg von (Werbe-)Botschaften im Gehirn

Als Erstes trifft eine Botschaft auf den ältesten Teil unseres Gehirns, den Hirnstamm oder das sogenannte Reptilien-Gehirn. Hier entscheidet Ihr Kunde, ob er Ihrem Produkt oder Ihrer Dienstleistung Aufmerksamkeit schenkt. Dann trifft die Botschaft auf das Limbische System. Das ist unser Emotionszentrum. Hier nehmen wir Werte, Gefühle und Motive wahr. Erst dann folgt die Wahrnehmung im Neocortex, wo sich die höheren kognitiven Fähigkeiten befinden, also Sprechen, abstraktes Denken, Rechnen oder Logik.

Viele Menschen glauben, dass sich Kunden im Neocortex für ein Produkt oder eine Dienstleistung entscheiden. Wie wir aber mittlerweile wissen, treffen sie ihre Entscheidung zum allergrößten Teil emotional im Limbischen System und rechtfertigen bzw. begründen diese Entscheidung lediglich im Neocortex. Ob CEO oder Auszubildender, ob Ötzi oder moderner Kunde - sie alle treffen zum Großteil ihre Entscheidungen unbewusst bzw. implizit auf Basis ihrer persönlichen Werte.

Süchtig nach Belohnung

In einer Zeit, in der Produkte und Leistungen austauschbar sind, kann Differenzierung nicht mehr auf Produktebene stattfinden. Wir können unsere Kunden nur überzeugen und begeistern, indem wir ihnen einen emotionalen Mehrwert bieten. Hier kommt der sogenannte Nucleus Accumbens ins Spiel. Ein Areal im Gehirn, das eine zentrale Rolle in unserem „Belohnungssystem" spielt. Dieses Areal schüttet immer dann Dopamin aus, wenn wir Erfolgs- oder Glücksmomente erleben, und gibt uns ein Gefühl der Belohnung.

Diesen Reiz wollen wir immer und immer wieder verspüren. Dieser Belohnungsreiz kann sogar süchtig machen. Wenn wir etwas kaufen, das unsere Bedürfnisse befriedigt, wird der Nucleus Accumbens getriggert. Kunden kaufen also weniger Produkte bzw. die Dienstleistungen als die Belohnung, die sie ihnen bieten. Dabei ist es egal, ob es um eine Tafel Schokolade geht oder um eine Versicherung, um Geldanlage oder um einen Hauskauf. Kunden kaufen immer Belohnung. Darum ist es so wichtig, den emotionalen Mehrwert der eigenen Produkte, Dienstleistungen oder Marke zu kennen. Wir müssen uns die Frage stellen: Welche Emotionen treiben unsere Kunden zum Kauf an?

„People don't buy WHAT you do, people buy WHY you do it"

Nach diesem Motto fragt Consultant und Autor Simon Sinek in seinem viel beachteten Kommunikationsmodell „Golden Circle" bei der Positionierung einer Marke an erster Stelle nach dem WHY.[4] Wofür macht ein Unternehmen das, was es eigentlich macht? Was ist seine Vision, der Antrieb, das höhere Ziel der Marke?

Dieses WHY des „Golden Circle" können wir auch Purpose oder Unternehmenswerte nennen. Wichtig ist: Ein Unternehmen muss wissen, welchen emotionalen Mehrwert es seinen Kunden bietet. Und dieser muss sich klar vom Mitbewerb differenzieren.

---

[4] Sinek, Simon (2011): Start with Why. How Great Leaders Inspire Everyone to Take Action. New York: Penguin Publishing Group. Seite 37-51.

Wer sich nicht differenziert, verliert

Einer der wichtigsten Punkte bei einer erfolgreichen Positionierung ist immer die Differenzierung zum Mitbewerb. Wenn wir ehrlich zu uns sind, wissen wir, dass es den sogenannten USP nicht mehr gibt. Es gibt immer einen Mitbewerber, der ein ähnliches Produkt oder eine ähnliche Dienstleistung anbietet.

Abbildung 4: Unterscheidung durch Emotionalität

Die beiden Quadrate stellen ein Produkt dar. Sie haben dieselbe Farbe. Erst wenn wir unser Produkt emotional aufladen, ergibt sich die Differenzierung.

Die Farbe des Produktes ist dieselbe geblieben - die Wahrnehmung ist jedoch anders, also differenziert.

Der Kontext macht den Unterschied

Nicht nur die Differenzierung ist ein wichtiges Merkmal in der Markenwahrnehmung. Wir Menschen nehmen denselben Inhalt in unterschiedlichem Kontext auch anders wahr. Wir sprechen hier von den kontextsensitiven Merkmalen. Diese spielen neben den expliziten Merkmalen bei der Erkennung und Bewertung eines Produktes oder einer Leistung eine große Rolle. Schließlich ist unser Gehirn auf Effizienz getrimmt und möchte - gerade in unserer Zeit der totalen Reizüberflutung - so wenig „Hirnschmalz" wie möglich aufwenden.

Würden Sie zum Beispiel im Supermarkt einen Schokoriegel im Regal für Körperhygiene sehen, würden sie ihn auf den ersten Blick für eine Seife halten. Das Wissen über die Kontextsensitivität bei der Wahrnehmung von Produkten oder Leistungen können wir nutzen, um deutlich zu machen, mit welchen impliziten Zielen unsere Kunden sie verknüpfen sollen.

Kommunikation verfolgt zwei Ziele

Effektive Kommunikation muss immer zwei Ziele im Auge behalten. Das erste Ziel ist das Basisziel. Basisziele sind selbstverständlich und müssen auf jeden Fall erfüllt werden. Wie beispielsweise Sicherheit im Bankwesen. Niemand würde Ihnen sein Geld anvertrauen, wenn Sie nicht glaubhaft versichern könnten, dass es bei Ihnen sicher angelegt ist. Basisziele werden immer explizit kommuniziert. Sie sind ein Teil der Rechtfertigung im Neocortex.

Das entscheidende Ziel ist jedoch das implizite Ziel. Das implizite Ziel richtet sich an das Limbische System. Dort wo unsere Emotionen liegen und dort, wo wir zum Großteil unsere Entscheidungen fällen. Die impliziten Ziele sind jene Ziele, mit denen Sie sich wirklich vom Mitbewerb differenzieren können. Das könnte z.B. ein bestimmter Prozess in Ihrem Unternehmen sein oder die Art und Weise wie Sie Kunden beraten. Vor allem aber entspricht das implizite Ziel dem höheren Ziel, das Ihr Unternehmen verfolgt. Den sogenannten Werten, dem Purpose oder auch dem WHY.

Wie zum WHY?

Wie wir wissen, bildet das WHY, wie es Simon Sinek in seinem „Golden Circle" beschreibt, den Kern einer Marke.[5] Es entspricht ihrem emotionalen Mehrwert und sorgt für Differenzierung zum Mitbewerb. Die meisten Unternehmen wissen, wie wichtig klar definierte Werte sind, um Investoren, Mitarbeiter und Kunden langfristig für Ihr Unternehmen zu begeistern. Leider fällt es vielen schwer, dieses wichtige WHY zu definieren. Oft wird als Purpose eher das HOW oder gar das WHAT des Unternehmens angegeben.

Ein klarer Weg zum wahren WHY Ihres Unternehmens kann über NeuroMarketing erfolgen. Eine NeuroPositionierung kann mit einer sorgfältigen Analyse Ihres Unternehmens sowie des Mitbewerbs nicht nur alle relevanten Motive definieren, sie differenziert auch zwischen Basisziel und implizitem Ziel. Und genau dieses implizite Ziel ist das höhere Ziel, das Ihr Unternehmen verfolgt - die sogenannten Werte oder der Purpose oder auch das WHY, die Ihr Unternehmen antreiben.

Umsetzung in die Praxis

Wie können wir diese theoretischen Erkenntnisse zur menschlichen Entscheidungsfindung in die Praxis umsetzen? Eine praktikable

[5] Sinek, Simon (2011): Start with Why. How Great Leaders Inspire Everyone to Take Action. New York: Penguin Publishing Group. Seite 37-51.

Antwort darauf hatte der Schweizer Psychologe Carl Gustav Jung, der Begründer der Archetypologie.

Archetypen sind die Urbilder menschlichen Denkens, Fühlens und Handelns. Sie haben zu allen Zeiten und in unterschiedlichen Kulturen weltweit ähnliche Bilder hervorgebracht und gelten deshalb als kollektive Menschheitserfahrungen.

Grundlegende Eigenschaften der Archetypen:

- Sie sind Teil des Unbewussten.

- Ihre Wurzeln liegen in den gesammelten Erfahrungen unserer Vorfahren.

- Sie äußern sich emotional.

Ein Archetyp ist also die ideale Grundlage für eine differenzierte, emotionale und konsequente Markenarbeit. Er ist die Basis der gesamten Kommunikation - implizit sowie explizit. Ein Archetyp ist unverwechselbar, er ist der Ideengeber für interne sowie auch externe Kommunikation und sichert eine konstante Markenwahrnehmung über Jahre, ja sogar über Jahrzehnte hinweg.

Auch wenn sich Kampagneninhalte ändern, sorgt der Archetyp dafür, dass das WHY, der Purpose oder die Werte einer Marke langfristig, konsequent und emotional vermittelt werden.

Emotionalisierung durch NeuroMarketing

Nach diesen Informationen wird klar, welchen großen Vorteil NeuroMarketing bei der emotionalen Kundenbindung bietet: Es macht die Marke über alle Sinne und Zugänge zum Gehirn fühl- und erlebbar.

Wenn es also vor über 5.000 Jahren zu Ötzis Zeiten Finanzdienstleister gegeben hätte, hätten die erfolgreichen unter ihnen auf

Emotionen abgezielt. Sie hätten nicht nur rein über ihr Produkt informiert, sondern auch implizit kommuniziert - und das sollten Sie auch heute und vor allem in Zukunft tun.

Zur Person:

Michaela Reifetshammer *ist Gründerin und CEO bei VENKO Agentur für Angewandte NeuroPositionierung.*

Die Grenzen des herkömmlichen Marketings - vor allem in der Positionierung und konsequenten Kommunikation von Marken - haben sie zu einer intensiven Auseinandersetzung mit NeuroMarketing und zu Weiterentwicklung in der praktischen Umsetzung veranlasst.

Mittlerweile seit vielen Jahren nutzen Reifetshammer und ihr Experten-Team die Erkenntnisse von Neurowissenschaft und Verhaltensforschung, um Unternehmen mittels NeuroPositionierung einzigartig zu positionieren und deren Botschaften mit Hilfe von Archetypologie emotional zu kommunizieren.

Geld oder Liebe

Sebastian Schäfer

Geld oder Liebe – Warum Bankmarken menschlicher werden müssen

Die Herausforderungen für Banken allgemein und Bankmarken im Speziellen werden nicht weniger. Nachdem in den letzten Jahren das Geschäft durch den technologischen Fortschritt so gut wie umgekrempelt wurde, müssen gerade Banken lernen, ihren Kunden mehr Aufmerksamkeit zu schenken und den Nutzen ihrer Leistungen klar darstellen. Zusätzlich dürfen auch allgegenwärtige Themenfelder wie Nachhaltigkeit, Ansprache der jungen Zielgruppe und neue Wettbewerber nicht vergessen werden.

Um diese Herausforderungen besser meistern zu können, haben wir bei BrandTrust die mit KI- und Big Data aufgestellte Studie „Geld oder Liebe - Warum Bankmarken menschlicher werden müssen“, durchgeführt. Die Studie beantwortet aus markenstrategischer Sicht übergreifende Fragestellungen zur Situation von Bankmarken im deutschsprachigen Raum: Wie stark sind diese Marken? Werden ihre Produkte und Services geschätzt? Oder bedrohen neue Player wie Neobroker und Zahlungsdienstleister wie Klarna die Zukunft etablierter Bankmarken?

Auch auf die oben genannten großen Themenfelder von Nachhaltigkeit, junge Zielgruppe und neue Wettbewerber wird ausführlich eingegangen. Anhand dieser drei zentralen Punkte, die im Rahmen des Banken-Symposium Wachau beleuchtet wurden, wird klar aufgezeigt, wie eine stark geführte Marke dabei unterstützt, diese Herausforderungen zu meistern. Die Betrachtung fokussiert sich hier stets auf das Privatkundengeschäft, allerdings lassen sich durch den B2H-Ansatz (Business-to-Human) auch einige Rückschlüsse auf den wichtigen Firmen- und Geschäftskundenbereich ziehen.

Umgang mit Nachhaltigkeit

Eine besondere Herausforderung, der Bankmarken heute gegenüberstehen, ist der passende Umgang mit dem Megatrend der Nachhaltigkeit. Eine Bankmarke muss im Sinne der ökologischen Nachhaltigkeit zeigen, dass sie sich für umweltfreundliches Wirtschaften engagiert, für den Schutz der natürlichen Ressourcen einsetzt und den Klimazielen widmet. Hier ergibt sich nicht nur von Kundenseite, sondern insbesondere auch von regulatorischer Seite ein spürbarer Entwicklungsdruck. Kunden, die in nachhaltigere Verhaltensweisen investieren möchten, werden vom steten Zweifel geplagt, ob die versprochenen ökologischen Verhaltensweisen auch eingehalten werden.

Der Bedeutungszuwachs des Themas Nachhaltigkeit tritt in der Studie deutlich hervor: Rund zwei Drittel aller betrachteten Bankmarken (240 Institute im DACH-Raum) nutzen das Attribut „nachhaltig“ in der Vermittlung ihrer Identität und Stärken. Auf Platz zwei folgt das lange Zeit unangefochtene „sicher“. Nachhaltig ist also das neue sicher.

Mit welchen Attributen beschreibt sich die Banken-welt?

Insgesamt werden 372 „unterschiedliche" Marken-Attribute vermittelt. Am Ende sagen alle Finanzmarken dasselbe.

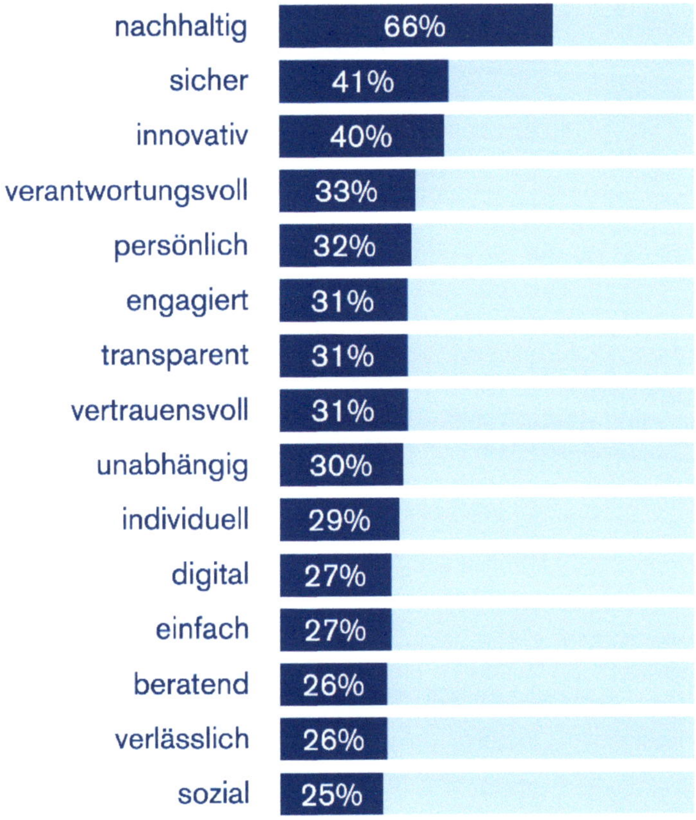

Abbildung 5: Begriffswelt der Finanzmarken (Quelle: Studie BrandTrust „Geld oder Liebe")

Wie bei Personen gibt es auch für Unternehmen und Banken erstrebenswerte Attribute, um sich zu beschreiben – nutzen aber alle die gleichen, wird eine Differenzierung schwierig.

In Summe ergibt sich ein herausforderndes Gesamtbild für alle Banken, die im Einheitsbrei häufig gespielter Themen engagiert sind. Das Thema Nachhaltigkeit wird rasch verwässert, da es nur in sehr unterschiedlichem Maße erlebbar gemacht werden kann. Nicht jede Bank kann ihren Fokus so klar richten, wie beispielweise die GLS Bank aus Bochum oder das FinTech tomorrow.

Herausforderung I: einen glaubwürdigen und spezifischen Umgang mit dem Mega-Trend Nachhaltigkeit finden

Zusammenfassend ist zu beachten, dass das Thema der Nachhaltigkeit im Bankenbereich sicherlich schwieriger zu kommunizieren ist, der inflationäre Einsatz des Begriffs in Botschaften es allerdings nicht erleichtert. Chancen ergeben sich beispielsweise durch den differenzierten Umgang mit Nachhaltigkeit und ESG. Zerlegt man den Begriff in seine Einzelteile, so wird neben der ökologischen Nachhaltigkeitsarbeit auch der soziale oder ökonomische Aspekt als Unterscheidungsmerkmal für Marken nutzbar.

Im Verlauf des Artikels zeigen wir auf, wie eine gute Markenstrategie diese Ausdifferenzierung zum Wohle der Bank und deren Anziehungskraft nutzbar machen kann. Es bleibt jedoch die Herausforderung des glaubwürdigen und passenden Umgangs der Marke mit dem Thema, der sich mit den bereits geschaffenen Bildern im Kopf der Menschen zu der Bank decken.

Gewinnung der jungen Generation

Um Kunden generell für eine Marke zu begeistern, müssen anziehungsstarke Erlebnisse mit dieser geschaffen werden. Das gilt insbesondere für die junge Generation, die durch solche von Marken außerhalb der Finanzindustrie stark geprägt ist. Hierbei sticht hervor, dass die anziehungsstärksten Marken vor allem den Menschen und Kunden mit seinen Bedürfnissen, Wünschen und Sehnsüchten in den Mittelpunkt stellen (siehe Amazon, Netflix, Airbnb oder auch Apple). Aus dieser Erwartungshaltung an Service und Mehrwert blicken viele Menschen unter 40 Jahren auch auf eine Bankmarke.

Die Gruppe der unter 40-Jährigen splittet sich in die Gen Y (auch Millennials genannt) und die Gen Z (ab 1994 geborene Menschen). Die heutige Generation junger Menschen ist digitaler und besser informiert als frühere Generationen. Sie erwarten innovative Angebote über digitale Plattformen, die es ihnen ermöglichen, einfach und schnell Dienstleistungen zu nutzen und zu erhalten. Um diese zufriedenzustellen, ist es daher ein Muss für Bankmarken ein ansprechendes Erlebnis zu schaffen.

Gerade bei diesen Generationen hilft die unserer Studie zugrunde liegende KI-Analyse von Big Data die Bedürfnisfelder der verschiedenen Generationen genau zu erforschen. Als Beispiel erwartet die Gen Z von ING im deutschen Markt, dass das Bankhaus Leichtigkeit vermittelt, die Skepsis der jungen Menschen berücksichtigt und den hohen Idealismus der Generation (man vergegenwärtige sich allein die Klimaproteste der letzten Jahre) aufgreift.

Anhand des in der Grafik dargestellten „Füllstands" der Säule wird ersichtlich, bis zu welchem Grad die Bank – in diesem Fall die ING – ein Thema bereits heute erlebbar für die jeweilige Generation ausdrückt und wo noch Potenziale zu heben sind.

So sieht man, dass die ING die Bedürfnisse und Wünsche der Generation der Babyboomer am treffsichersten adressiert (63 Prozent) und es bei der Gen X das höchste Potenzial zu heben gilt (28 Prozent). So lässt sich eine Marke von Vertrieb bis Marketing gezielter nach den entsprechenden Bedürfnissen der Zielgruppe ausrichten. Die Glaubwürdigkeit einer Marke darf aber niemals außer Acht gelassen werden.

Die nachfolgende Grafik zeigt die Bedürfnisse und Sehnsüchte der einzelnen Generationen im Überblick. Erhoben wurden die Daten BrandTrust intern via KI.

Bedürfnisse und Sehnsüchte der Generationen – Teil I

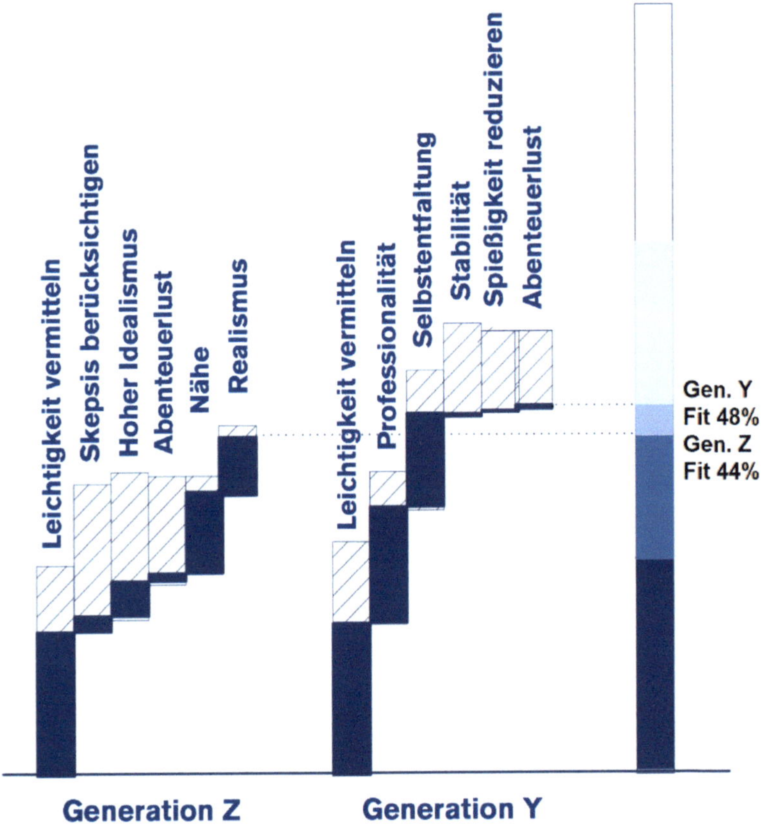

Bedürfnisse und Sehnsüchte der Generationen – Teil II

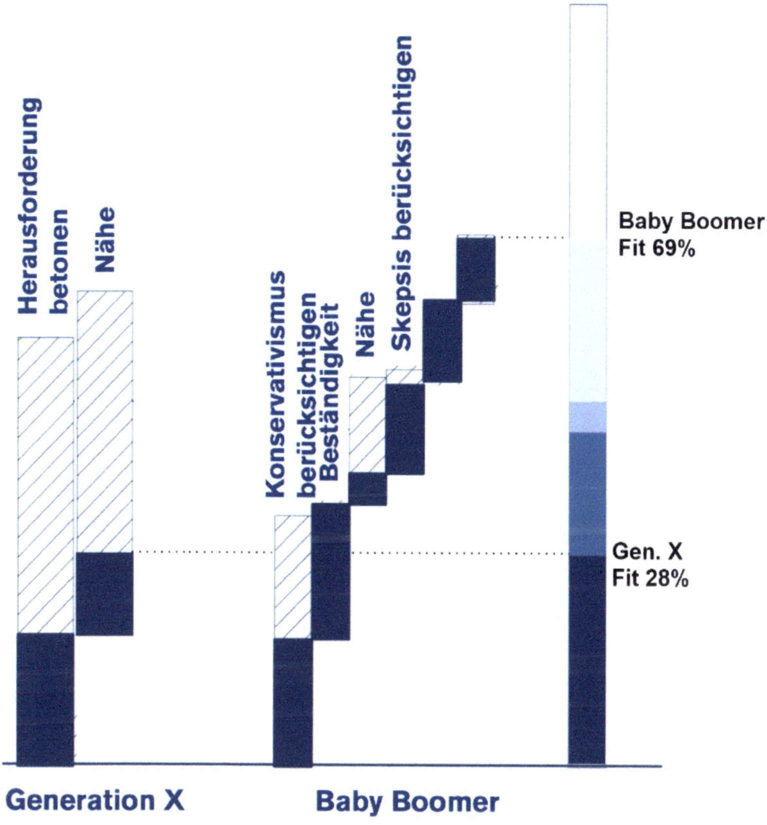

Abbildung 6: Was wollen und brauchen die verschiedenen Generationen?

Die Grafik veranschaulicht, inwieweit die Bedürfnisse und Sehnsüchte der einzelnen Generationen bereits erfüllt werden und wo noch Potenziale zu heben sind.

Eine weitere Betrachtungsweise stellt dar, welche Bankmarken durch ihre Ausrichtung in Markenkommunikation und -erlebbarkeit mit welchen Generationen den aktuell besten Fit aufweisen. Das muss nicht bedeuten, dass dies durch die jeweilige Generation bereits bewusst wahrgenommen wird (das ist wiederum eine andere Betrachtungsweise).

Wenig überraschend haben auch im österreichischen Markt bei der Gen Z die neuen Wettbewerber aus FinTechs, Neo-banken & Co. die Nase vorne. Lediglich die Hypo Vorarlberg und die Raiffeisenbank schaffen es in die Top 10, ähnlich sieht es bei der Gen Y aus.

Herausforderung II: Attraktivität, Anziehungskraft und Relevanz der etablierten Bankmarken bei der jungen Generation steigern

Für die Zukunftsfähigkeit einer Bank gilt es der Überalterung des Kundenstamms vorzubeugen und es lohnt sich der genaue Blick auf die Kunden von morgen und übermorgen. Um weiterhin am Markt relevant zu bleiben, müssen auch etablierte Banken die Bedürfnisse der jungen Menschen wahrnehmen, beachten und gezielt ansprechen. Es gilt Attraktivität, Anziehungskraft und Relevanz im Rahmen einer klaren Markenstrategie zu steigern.

Das Ranking der anziehendsten Finanzmarken je Generation

	Gen Z (ab 1994)	Gen Y Millennials (1980-1993)	Gen X (1965-1979)	Baby Boomer (1946-1964)
1	Google Pay	Klarna	DADAT Bank	Raiffeisen
2	Klarna	American Express	Raiffeisen	Hypo Noe
3	Visa	Tomorrow	Hypo Tirol	Easy Bank
4	Hypo Vorarlberg	Nuri Banking	Erste Bank/ Sparkasse	Paypal
5	Trade Republic	Revolut	Hypo Oberösterreich	Oberbank
6	Revolut	Scalable Capital	Hypo Vorarlberg	Volksbank
7	Scalable Capital	Erste Bank/ Sparkasse	Bank 99	BAWAG P.S.K.
8	Tomorrow	N26	Oberbank	Bank 99
9	Raiffeisen	Hypo Oberösterreich	BKS Bank	Erste Bank/ Sparkasse
10	N26	Addiko Bank	Volksbank	Apple Pay
11	bunq	Easy Bank	BAWAG P.S.K.	Partnerbank
12	Erste Bank/ Sparkasse	bunq	Addiko Bank	Addiko Bank
13	American Express	Paypal	Apple Pay	Mastercard
14	eToro	Volksbank	Mastercard	BKS Bank
15	Mastercard	Apple Pay	Amazon Pay	Amazon Pay

	Jüngere Generation	Ältere Generation
1	Klarna	Raiffeisen
2	Tomorrow	Oberbank
3	Revolut	Erste Bank/Sparkasse
4	Google Pay	Bank 99
5	American Express	DADAT Bank
6	Scalable Capital	Apple Pay
7	Hypo Vorarlberg	Paypal
8	Trade Republic	Volksbank
9	N26	BAWAG P.S.K.
10	Visa	Visa
11	Erste Bank/Sparkasse	Hypo Oberösterreich
12	bunq	Hypo Noe
13	Nuri Banking	Addiko Bank
14	flatex	Mastercard
15	eToro	Partnerbank

Abbildung 7: Ranking der Finanzmarken nach Generation (Quelle: Studie BrandTrust „Geld oder Liebe")

Das Ranking der bevorzugten Bankmarken pro Generation zeigt klar, dass traditionelle Bankhäuser an ihrer Attraktivität für die junge Zielgruppe arbeiten müssen.

Der neue Wettbewerb

Eine weitere Herausforderung für Bankmarken ist es, ihren neuen Wettbewerbern, die digitale Technologien intensiv zur Kundenansprache nutzen, wie Fintechs, entgegenzutreten. Es gilt innovative Dienstleistungen zu entwickeln, um konkurrenzfähig zu bleiben und neue Technologien zur Steigerung der Kundenzufriedenheit zu nutzen. Gerade, aber nicht nur für die oben betrachtete Gen Z und Millennials.

Die wahre Revolution, die gerne ob der Aufregung der neuen Wettbewerber in den Hintergrund gerät, liegt in der Kundenbeziehung: Social Media und neue Technologien ermöglichen es auch Bankmarken, ihren Kunden so nah wie noch nie zuvor zu sein. Egal ob über das Smartphone oder andere Devices. Doch werden diese Chancen genutzt, und wenn ja, wie?

Die Bildsprache der Finanzdienstleister

Ein guter Indikator hierfür ist die Analyse der von einer Marke genutzten Bildwelten. Unsere Studie zeigt, dass die Mehrzahl der untersuchten Finanzdienstleister die Motive von Erwachsenen bzw. Männern nutzt. Diese Austauschbarkeit spricht für sich und sorgt für ein schwaches Profil und wenig Differenzierung.

Das Motivranking der Bildsprache der SoMe-Beiträge der Finanzdienstleister spricht eine klare Sprache – hier schlummert enormes

	Großbanken	Digitalbanken	Zahlungsdienstleister
1	Erwachsene	Natur	Erwachsene
2	Männer	Männer	Frauen
3	Natur	Erwachsene	Männer
4	Lachen	Hintergründe	Lifestyle
5	Freude	Design	Design
6	Erfolg	Illustration	Illustration
7	Lifestyle	Reisen	Junge Erwachsene
8	Junge Erwachsene	Frauen	Hintergründe
9	Sport	Vektorgrafiken	Natur
10	Bildung	Technologie	Lachen

	Robo-Advisors	Privatbanken	Genossenschaftsbanken	Neobroker
1	Design	Business	Erwachsene	Illustration
2	Illustration	Männer	Männer	Design
3	Business	Erwachsene	Design	Vektorgrafiken
4	Vektorgrafiken	Design	Lachen	Symbole
5	Symbole	Illustration	Erfolg	Hintergründe
6	Hintergründe	Hintergründe	Illustration	Erfolg
7	Abstrakt	Erfolg	Business	Business
8	Text	Vektorgrafiken	Frauen	Abstrakt
9	Bildung	Geschäftsleute	Vektorgrafiken	Bildung
10	Technologie	Natur	Bildung	Männer

Abbildung 8: Themen in der Bildsprache der Finanzdienstleister

Potenzial in der Differenzierung. Der neue Wettbewerb der Zahlungsdienstleister macht uns vor, wie bereits mit ganz wenigen Adaptionen Differenzierung geschaffen werden kann: neben dem Thema der Erwachsenen-Motive und Männer wurde ganz bewusst und prominent die weibliche Perspektive aufgenommen. Mit der zusätzlichen Inklusion von ein wenig Lifestyle und Design werden die Marken von Klarna, PayPal oder Apple Pay auf glaubwürdige Weise in den Lebensalltag der Menschen gestellt.

Abbildung 9: Bildsprachliche Unterschiede zwischen digitalen und traditionellen Finanzhäusern

Dies schafft eine Nähe und Vertrautheit, die nicht zu unterschätzen ist. Auch traditionelle Finanzmarken dürfen die Konsumentensicht niemals außer Acht lassen. Auf den ersten Blick wird klar, wie stark sich die Bildsprache der digitalen Zahlungsdienstleister von jenen der traditionellen Finanzinstitute differenziert.

Herausforderung III: Mangelnde Differenzierungskraft

Die drohende Austauschbarkeit der Bankmarken führt zum Verlust der Kundenschnittstelle

Die hochdifferenzierende Markenpositionierung der neuen Wettbewerber wie Zahlungsdienstleister zeigen das Potenzial, sich auch als Bankmarke unverwechselbar zu machen. Der Ansatz der Zahlungsdienstleister, sich ähnlich einer Fast Moving Consumer Good-Marke zu präsentieren und inszenieren, birgt die reale Gefahr für etablierte Banken, ihre Kundenschnittstelle zu verlieren. Bestes Beispiel ist hier Apple Pay. Es muss kraftvoll an der eigenen Differenzierung gearbeitet werden mit dem Bewusstsein dessen, was vom neuen Wettbewerb nicht so einfach kopiert werden kann: die vertraute Geschichte von jahrzehntelang erbrachten Spitzenleistungen.

Was also tun? - Die Herausforderungen mit der Marke meistern

Die BrandTrust-Studie „Geld oder Liebe - Warum Bankenmarken menschlicher werden müssen" zeigt, dass es darum geht, als Bankmarke näher an den Menschen heranzutreten und akzeptiert zu werden. Damit das gelingt, braucht es neben den Muss-Kriterien, welche die Menschen von einer Bank ohnehin erwarten, wie sichere Produkte, wettbewerbsfähige Konditionen und einem guten

Grundmaß an digitalen Services unbedingt klar herausgestellte WOW-Kriterien. Das sind die wahren Attraktivitätstreiber der Marke, die den Unterschied machen und für Anziehungsstärke sorgen. Um diesen Effekt steuerbar zu machen, braucht es klare Antworten auf drei Fragen:

1.) Was macht meine Bank glaubwürdig? Welche positiven Bilder gibt es heute schon in den Köpfen der Menschen zu unserer Marke?

2.) Was macht meine Bank sowohl heute als auch morgen attraktiv? Was sind die relevanten Bedürfnisse und Lebensknappheiten der Menschen, die wir glaubwürdig erlebbar machen können?

3.) Was differenziert uns von anderen Bankmarken? Wie schaffen wir eine klare Abgrenzung und ein deutliches Profil, das uns unverwechselbar macht? Was können nur wir und macht uns einzigartig?

Abbildung 10: Kriterien der Markenattraktivität

Eine anziehungsstarke Markenpositionierung basiert auf glaubwürdigen, attraktiven und differenzierenden WOW-Kriterien.

Um eine klare Markenstrategie zu gestalten, gilt es, die Fragen zu den drei Hauptherausforderungen rund um Nachhaltigkeit, junge Zielgruppe und den neuen Wettbewerb in souveräner Art zu beantworten. Nur so kann die Zukunftsfähigkeit der eigenen Bankmarke gesteigert werden.

Einen ersten Einstieg in diese Fragestellung – verbunden mit dem Blick auf die Profitabilität und das Pricing – bietet der Fokus auf die

36 zentralen Werttreiber einer modernen Markenstrategie. Hier werden die funktionalen Dimensionen als Grundlage der Marken dargestellt, die jedoch oft bereits zu MUSS-Kriterien geworden sind – auch bei Bankmarken.

Es wird beispielsweise erwartet, dass Bankleistungen eine Grundqualität haben, man ausreichend informiert wird und es eine Auswahl von passenden Produktlösungen gibt. Auf dieser Ebene wird weder Alleinstellung noch überdurchschnittliche Profitabilität erzielt.

Vielmehr gilt es, die Werttreiber in den Ebenen von Emotionen, Lebensknappheiten und gesellschaftlichem Impact zu erforschen. Hier bedienen sich nicht nur die Zahlungsdienstleister als neue Wettbewerber, sondern auch viele der profitabelsten Weltmarken. Dabei müssen nicht zwanghaft die Werttreiber des gesellschaftlichen Impacts direkt bedient werden, sondern es sollte evaluiert werden, bei welchen post-funktionalen Themen man heute schon eine Grundglaubwürdigkeit besitzt, die sich mit Spitzenleistungen belegen lässt.

Es ist ratsam, die wichtigsten bestehenden und künftigen Wettbewerber auch in diesem Modell zu betrachten. So lässt sich die Differenzierungskraft bedeutend steigern und klar gestalten. In einem letzten Schritt gilt es schließlich den künftigen Weg, den die Marke nehmen möchte, in den Werttreibern abzubilden. Das heißt, sich bewusst die Eroberungen von zwei bis drei Werttreibern als Ziel zu setzen – idealerweise solche, die mit der Glaubwürdigkeit und insbesondere den Lebensknappheiten und Bedürfnissen der (jungen) Zielgruppe Hand in Hand gehen.

36 Value Driver definieren die einzelnen Dimensionen:

Abbildung 11: Einteilung der Value Driver nach Wirkungsebene (Quelle: Value Driver Pyramid nach Almquist et al. „The Elements of Value", 2016.6)

---

[6] vgl. Almquist, Eric et al. (2016)

Erläuterung zur Value Driver Pyramid:

1. Social Impact: Beispielmarken versuchen eine globale Herausforderung zu lösen oder verbinden uns mit etwas Größerem.
2. Life Changing: Beispielmarken geben Hoffnung, motivieren und schaffen Identifikation.
3. Emotional: Beispielmarken reduzieren Ängste und Stress, wecken Erinnerungen, machen Spaß, bieten einen Schmuckwert.
4. Functional: Beispielmarken bringen Zeitersparnis, reduzieren Aufwand, reduzieren Kosten, liefern Informationen, …

Die verschiedenen Value Driver sind in unterschiedlichen Wirkungsebenen angesiedelt und bieten die Grundlage für einen bewussten Umgang mit den vermittelten Faktoren – insbesondere jenseits der funktionalen Ebene.

Den wirtschaftlichen Effekt der Marke nutzen

Der besondere Reiz der Ableitung einer glaubwürdigen, attraktiven und differenzierenden Markenstrategie liegt in den positiven betriebswirtschaftlichen Effekten, die mit diesem Verfahren einhergehen können. Zur Verdeutlichung dient untenstehende Grafik mit dem Beispiel der am Markt durchgesetzten Kontoführungsgebühr bei einem – in technischen, digitalen und funktionalen Belangen sehr vergleichbaren – Girokonto.

Im erhobenen Beispiel sehen wir eine PSD Bank, die zum Zeitpunkt der Recherche keine Wahrnehmbarkeit jenseits der funktionalen Werttreiber erreichen konnte. Ein gebotener Willkommensbonus führt sogar zu einer negativen Kontoführungsgebühr. Die ING und N26 schaffen es in der Wahrnehmung schon deutlich mehr in die Ebene der Emotionalität und Lebensknappheiten: ING über Humor, N26 über Hoffnung– z.B. auf eine Welt entsprechend einem ihrer ersten Slogans „banking without bullshit".

Gleichwohl monetarisieren sie diese emotionalen Mehrwerte nicht in Bezug auf die Kontoführungsgebühren im Giro, minimal deutlich wird es im etwas höheren Dispozins der N26, wobei auch hier deutlich mehr Pricing-Potenziale liegen.

Mit tomorrow sehen wir ein FinTech als viertes Beispiel, das nicht nur die Ebenen des Funktionalen, Emotionalen und der Lebensknappheiten wahrnehmbar bespielt, sondern auch den gesellschaftlichen Nutzen erlebbar macht. Als neuer Wettbewerber legen sie mit einer frischen Tonalität den Fokus auf die ökologische Nachhaltigkeit (Werttreiber der Purposeful Actions) und inszenieren diese so, dass sie von der Zielgruppe wertgeschätzt wird.

Diese Wertschätzung drückt sich am Ende monetär aus: Die Menschen zahlen für das (günstigste) Girokontomodell 36 Euro pro Jahr.

Der Vergleich beweist: durch die wahrnehmbare Vermittlung unterschiedlicher Value Driver wird für ein fast identes Produkt ein Vielfaches mehr bezahlt:

Value Driver Pyramid: Beispiel Girokonto

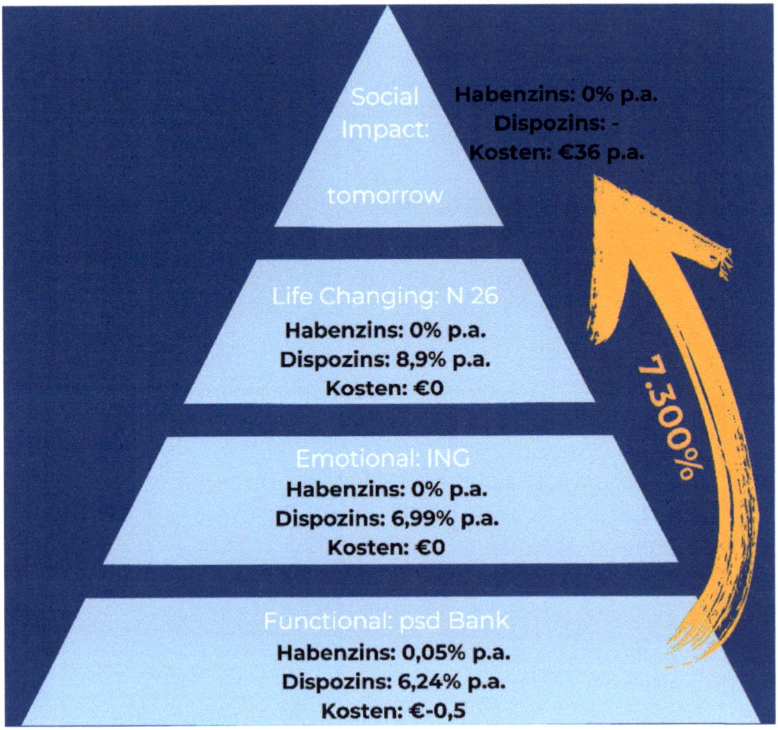

Preise bei Girokonto Testsieger.de Oktober 2022

Abbildung 12: Value Driver anhand des Girokontos

Die Preisbereitschaft lässt sich offensichtlich nicht mit dem funktionalen Nutzen erklären, denn dieser ist bei tomorrow im Wesentlichen genau ähnlich wie bei der PSD Bank – der objektive Nutzen ist bei jedem Girokonto so gut wie identisch. Es liegt vielmehr an der

Unverwechselbarkeit, die tomorrow durch eine glaubwürdige, attraktive und differenzierende Markenpositionierung erreicht.

Glaubwürdig, z.B. wie im beschriebenen riesigen Themenfeld der Nachhaltigkeit. Hier hilft natürlich der Status als neue Marke, doch auch etablierte Marken können einen passenden Umgang mit der Nachhaltigkeit finden, die zu den Bildern, welche die Menschen über die Bankmarke bereits im Kopf haben, passen.

Attraktiv sind sie, wenn sie sich ein klares, relevantes Bedürfnisfeld gesucht haben – auch mit Nachhaltigkeit im Kern aber gleichermaßen mit Optimismus oder einer anpackenden und unprätentiösen Art gepaart. So entstehen Relevanz und Anziehungskraft auf die angepeilte Kernzielgruppe. Eine Fokussierung ist übrigens auch bei etablierten Universalbanken möglich, obwohl sich manchmal im operativen Geschäft der Eindruck verfestigt, man müsse für alle da sein. Der Unterschied liegt darin, ob man eine Zielgruppe anspricht, und alle, die sich davon angesprochen fühlen, mit offenen Armen empfängt (bei genauer Analyse bei Genossenschaftsbanken gut zu beobachten) oder ob man völlig legitim wirklich exklusiv ist wie beispielsweise eine Privatbank. Auf beide Weisen ist Anziehungskraft und Relevanz erreichbar.

Differenzierend wird es schließlich auch am Beispiel tomorrow durch die Kombination der verschiedenen Werttreiber, die es so nur bei dieser Bankmarke gibt. Das bedeutet, dass durch die Werttreiber auch ein klarer Blick darauf möglich wird, welche Punkte nur die eigene Bankmarke bedienen kann (eben die WOW-Faktoren) und wo es um Hygiene- bzw. MUSS-Faktoren geht, die auf die Differenzierungskraft nicht überdurchschnittlich einzahlen. Inwieweit sich die Differenzierungskraft auch in der visuellen Ebene widerspiegeln kann, zeigt der Bankentyp der Zahlungsdienstleister vor.

Was bringt's am Ende? Warum eine klare Markenstrategie über den zukünftigen Erfolg mitentscheidet.

Setzt man sich bewusst und strategisch mit den in der Studie identifizierten Herausforderungen auseinander, fasst die Logik der 4 Ws den Effekt für Banken zusammen:

Auf der ersten Stufe der Werterzeugung haben die meisten Banken keine größeren Probleme. Dies gilt insbesondere für die etablierten Häuser, die meist wesentlich mehr Leistung erbringen, als der Kunde wahrnimmt.

Hier liegt also die erste Hürde: Alles, was das Bankhaus an Spitzenleistungen erbringt, muss auf glaubwürdige, attraktive und differenzierende Weise in die Wahrnehmung der Menschen gebracht werden. Achtung, verwechseln sie hier nicht die Bekanntheit der Marke mit der Begehrlichkeit der Marke – eine oberflächliche Marketingkampagne bringt ihr Haus hier nicht wesentlich weiter.

Ist das gelungen, kann im nächsten Schritt an der Wertschätzung der Leistungen gearbeitet werden. Auch hier gilt es durch Beharrlichkeit und einen glasklaren Kompass, der die MUSS- und WOW-Kriterien zur Leitschnur des Handels macht, die Leistungen und deren Nutzen für den Menschen erlebbar zu machen.

Zwei Hürden zur überdurchschnittlichen Profitabilität

Erst wenn auch die zweite Hürde genommen ist, wird die Wertschätzung final in Wertschöpfung umgewandelt. Die überdurchschnittliche Profitabilität der Bankmarke stellt sich ein, wenn der emotionale Nutzen zuerst in die Wahrnehmung und dann in die Wertschätzung gebracht wurde. Der objektive Nutzen läuft hier mit, steht aber aufgrund seiner limitierten Beitragsmöglichkeiten zur Anziehungskraft im Hintergrund.

So entstehen Spielräume für formidable Preis-Prämien, die freilich bewusst gehoben werden müssen. Darüber hinaus stellen sich positive Einflüsse auf Faktoren wie Cross-Selling (Anzahl der durchschnittlichen Produkte pro Bankkunden), die Loyalität, die Weiterempfehlung (Net Promoter Score!) und vieles mehr ein.

Was bringt's am Ende?

Abbildung 13: Die 4 Ws zur Verbesserung der Wertschöpfung

Die 4Ws und die Markenstrategie als Schlüssel für mehr profitables Wachstum

Um die Wertschöpfung konstant zu verbessern, gilt es, die 4 Ws als unterliegenden Mechanismus immer bewusst zu managen. Im Zusammenspiel mit den Grundlagen einer anziehungsstarken Markenstrategie können so gute und kraftvolle Antworten auf die Herausforderungen der Gegenwart und Zukunft gefunden werden. Das gilt besonders auch für etablierte Bankmarken, die oft viele Spitzenleistungen erbringen (1. W der Werterzeugung) gleichwohl noch nicht die passenden Werkzeuge und Strategien haben, um die beiden Hürden auf dem Weg zur Wertschöpfung zu nehmen.

Die Grundlagen sind also in hervorragender Weise vorhanden, allein der markenstrategische Schlüssel für mehr Wachstum aus hervorragenden Produkten und Services ist noch nicht genutzt. Hier liegt eine große Chance, mehr Geschäft mithilfe der Marke zu generieren.

Zur Person:

Sebastian Schäfer *ist Partner bei BrandTrust. Marke ist für ihn der am meisten unterschätzte Umsatzhebel. Weil Menschen keine Produkte kaufen – sie kaufen Emotionen: Gerade bei Finanzdienstleistern ist das Empfinden eines guten Gefühls, Sicherheit oder Freude entscheidend.*

In seinen Vorträgen und Webinaren legt Sebastian Schäfer Wert auf klare Beispiele und eine hohe Anwendbarkeit des Markenwissens. Sein Ziel ist es, dass seine Zuhörer auf lustvolle Art die Marke für sich neu entdecken: als kraftvollen Hebel für mehr Umsatz und Marge.

Differenzierungschancen für Regionalbanken

Johannes Haid

Filialen und angepasstes Angebot als Differenzierungschance für Regionalbanken

Die Bank der Zukunft wird sich deutlich von der heutigen Bank unterscheiden. Sie wird stärker auf Technologie und Innovation ausgerichtet sein und ihren Kunden ein noch persönlicheres und flexibleres Angebot machen. Entsprechend muss sich auch das Geschäftsmodell einer Bankfiliale der Zukunft in vielerlei Hinsicht von heutigen Geschäftsstellen unterscheiden.

Im Zeitalter der Digitalisierung und des technologischen Fortschritts verschiebt sich der Fokus von reinen Transaktionsdienstleistungen hin zu einem umfassenderen Beratungs-, Betreuungsansatz, Informations- und Kommunikationsansatz.

Einige der wichtigsten Trends, die die Zukunft der Banken prägen werden, sind:

1) Die zunehmende Digitalisierung

Kunden erwarten immer mehr, dass sie ihre Bankgeschäfte online oder über mobile Geräte erledigen können. Banken müssen sich darauf einstellen, dass ihr Kundenstamm vermehrt online tätig wird.

> *„Die Richtung ist eindeutig: alle repetitiven, standardisierbaren Aufgaben werden zunehmend automatisiert. Dies gilt nicht nur für interne Prozesse, sondern auch für das Kundengeschäft der Banken: Was heute schon für den/die Verbraucher/in gängig ist, hält auch stärker Einzug ins Mittelstandsgeschäft. Etwa kann (zukünftig) ein kleinerer Firmenkredit direkt im Online-Banking beantragt werden. Neben niedrigeren Transaktionskosten gibt es hierdurch zügiger Klarheit über Zu- oder Absage der gewünschten Finanzierung."*
>
> Ostdeutscher Bankenverband (2021), Seite 3[7]

2) Der Einsatz von „Artificial Intelligence" (AI)

AI wird in der Zukunft eine wichtige Rolle in der Finanzbranche spielen. Banken werden Künstliche Intelligenz nutzen, um ihre Kunden besser zu verstehen, ihre Prozesse zu automatisieren und neue Produkte und Dienstleistungen zu entwickeln.

Auf Basis bankeigener und zugekaufter Daten und intelligenter Algorithmen besteht die Aussicht, dass Einzelentscheidungen in standardisierten Aufgabenbereichen von AI übernommen werden. Ein praktisches Beispiel dafür wären Online-Kredit-

---

[7] Ostdeutscher Bankenverband (2021): Banken in der digitalen Transformation. In: INFOPORT 2021. https://ostbv.de/wp-content/uploads/2021/04/Infoport_Banking_4.0.pdf. Berlin

antragsstrecken an deren Ende eine sofortige Zu- oder Absage an den potenziellen Kreditnehmer erfolgt.

Ein weiteres Einsatzgebiet von AI wäre das sogenannte Churn Management. Damit meint man das vorzeitige Erkennen einer möglichen Wechselbereitschaft von Kunden, um auf diese entsprechend zu reagieren. Die Basis dafür können bankinterne (Transaktions-) Daten darstellen. Ebenso machbar ist die intelligente Ansprache von Prospects – potenziellen- bzw. Wunschkunden.

> *„Die durchgehende Digitalisierung der Geschäftsprozesse innerhalb der Hausbank wird zudem datengetriebene Anwendungen ermöglichen, die eine tiefergehende Finanzberatung erlauben. Über maschinelles Lernen werden etwa auf Basis bisheriger Umsatzdaten Vorhersagen über Salden für einen mehrmonatigen Zeitraum (Liquiditätsvorschau) oder Produktempfehlungen generiert. Auch ist die Einbindung von Sprachassistenten in die Kundenbetreuung möglich."*
>
> Ostdeutscher Bankenverband (2021), Seite 3[8]

Auf dem Weg zu bankspezifischen AI-Anwendungen sind allerdings auch einige Hindernisse zu überwinden. Dazu gehören die Verfügbarkeit und Bereitstellung geeigneter und qualitativ hochwertiger Daten, Budgetrestriktionen, wenn es um notwendige Implementierungsprojekte geht und die Verfügbarkeit von Mitarbeitern mit entsprechenden Kompetenzen.

---

[8] Ostdeutscher Bankenverband (2021): Banken in der digitalen Transformation. In: INFOPORT 2021. https://ostbv.de/wp-content/uploads/2021/04/Infoport_Banking_4.0.pdf. Berlin

Diese Herausforderungen zu überwinden, gelingt Banken in Asien und Nordamerika deutlich besser als in Europa, wie folgende Grafik zeigt:

How mature is AI adoption in financial services?

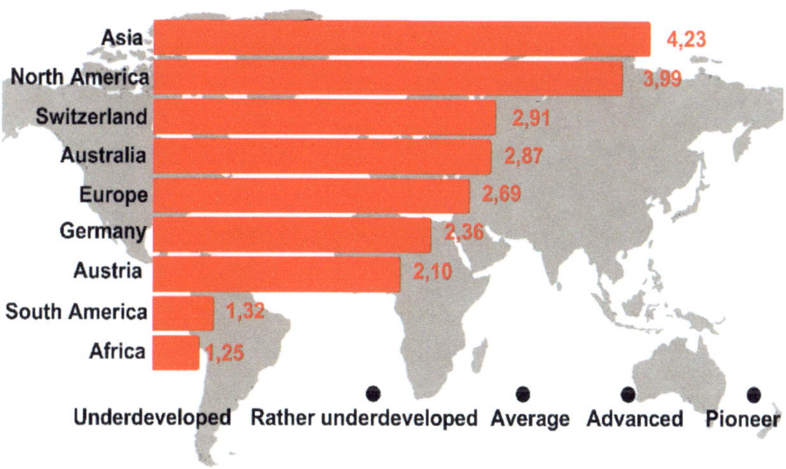

Abbildung 14: Stand der Integration von AI anhand verschiedener Länder und Kontinente[9]

3) Der Trend zur Nachhaltigkeit

Kunden erwarten immer mehr, dass ihre Banken nachhaltig sind. Banken werden sich daher stärker auf nachhaltige Finanzprodukte und -dienstleistungen konzentrieren.

---

[9] vgl. PwC (2020): How mature is AI adoption in financial services? A PwC Study across the DACH region. https://www.pwc.de/de/future-of-finance/how-mature-is-ai-adoption-in-financial-services.pdf. Frankfurt am Main. Seite 6.

Das Thema ist nicht nur relevant für Retail-Kunden, sondern auch für den Bereich der Corporates. Hier ist zu erwarten, dass der Bedarf an grünen Finanzierungsformen deutlich zunimmt. Außerdem gibt es für Firmenkunden neue Anforderung hinsichtlich der Reduktion ihrer klimaschädlichen Emissionen und der dazugehörigen Berichterstattung. Die dort zu reportenden Daten werden weiters eine zunehmende Rolle bei Kreditentscheidungen spielen.

Die Unterstützung bei der Erhebung und Bereitstellung der Kennzahlen stellt für Banken ein neues, sehr attraktives Beratungsfeld bereit.

> *„The fight against climate change presents a massive opportunity for banks to mobilize finance to aid corporate clients' transition to net-zero carbon emissions."*
>
> Edelman et al. (2022), Seite 30[10]

Unternehmenskunden dabei zu unterstützen, klimarelevante Daten zu erheben und den eigenen Klimafußabdruck zu quantifizieren, ist auch für die Banken selbst relevant. Sie sind über diverse europäische Regularien verpflichtet, ihre Investmententscheidungen so zu treffen, dass die eigenen Portfolios perspektivisch bis 2050 klimaneutral sind.

> *„Was sehr einfach klingt, ist tatsächlich gar nicht trivial. Keine Bank kann heute sagen, wie hoch das CO2-*

[10] Edelman, Karen et al. (2022): Deloitte Insights. 2023 banking and capital markets outlook. (Download 29.8.2023: https://www2.deloitte.com/at/de/pages/financial-services/articles/banking-capital-markets-outlook.html)

Exposure des eigenen Kreditportfolios ist. Die Daten dazu sind nicht vorhanden oder zu ungenau. Während es für Staaten oder große Unternehmen entsprechende Berichterstattung gibt, stellt die große Masse der KMU in diesem Bereich eine Blackbox dar. Wenn das Risiko aber nicht quantifizierbar ist, kann auch kein Reduktionspfad mit Ziel 2050 abgeleitet werden."

Offenhuber (2021), Seite 19[11]

---

[11] Offenhuber, Mario (2021): Green Banking. In: Businessart 03/2021. St. Pölten: Lebensart Verlag. Seite 19.

Was spricht für filialbasierte Regionalbanken – unter Berücksichtigung einer optimalen strategischen Ausrichtung?

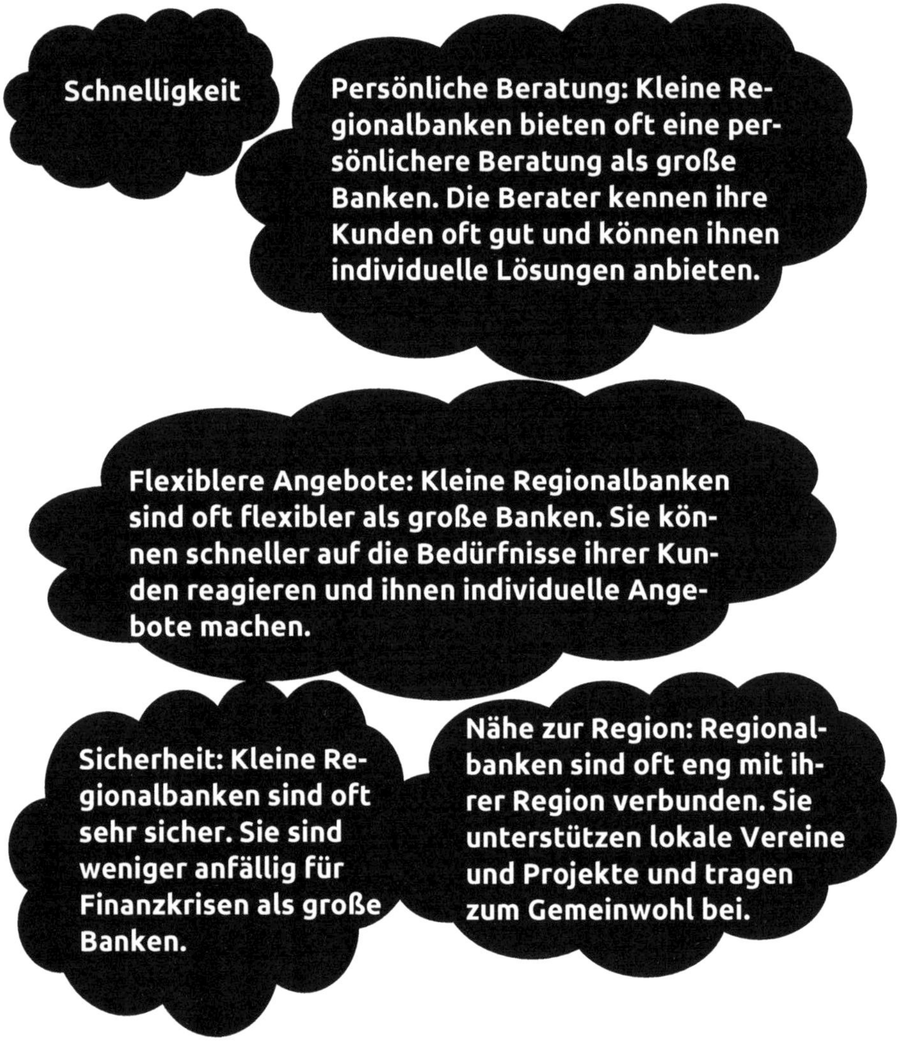

Abbildung 15: Argumente für Regionalbanken mit Filialbetrieb

„Für Österreich wissen wir, dass Regionalbanken und kleinere Banken mit einem stark beratungszentrierten Ansatz bei der allgemeinen Kundenzufriedenheit besser abschneiden als große Institute, die vermehrt auf Automatisation und Standardisierung abzielen."

Kreiger (2022), Seite 152[12]

Die Bank der Zukunft wird eine Bank sein, die sich an die Bedürfnisse ihrer Kunden anpasst und ihnen ein modernes und innovatives Angebot macht. Sie wird eine Bank sein, die auf Technologie und Nachhaltigkeit setzt und ihren Kunden ein persönliches und flexibles Erlebnis bietet.

Die Wichtigkeit von räumlicher Nähe zur Filiale und Häufigkeit direkter Kundentermine nimmt ab. Die Bedeutung der physischen Präsenz bleibt allerdings für Beratung und Unterstützung bei komplexeren Produkten oder nicht-alltäglichen Geldgeschäften bestehen. Entsprechend sind die Filialen an die neue Geschäftswelt und die neuen Bedürfnisse anzupassen.

„Mit anderen Worten: weniger Schalter und dafür deutlich mehr Raum für individuelle, digital-unterstützte Beratung."

Ostdeutscher Bankenverband (2021), Seite 4[13]

Abgesehen von den spezifischen Produkten einer Bank wird

---

[12] Kreiger, Gernot (2022): Brauchen Kunden noch Filialen? In: Mario Offenhuber (Hrsg.): Ökologisierung, Krisen und digitales Geschäft. Wien: MyMorawa. Seite 152.
[13] Ostdeutscher Bankenverband (2021): Banken in der digitalen Transformation. In: INFOPORT 2021. https://ostbv.de/wp-content/uploads/2021/04/Infoport_Banking_4.0.pdf

sich das Geschäftsmodell der kleinen und mittleren Banken auf der persönlichen Ebene abheben müssen. Im Zeitalter der Digitalisierung und des technologischen Fortschritts verschiebt sich der Fokus von reinen Transaktionsdienstleistungen hin zu einem umfassenderen Beratungs-, Betreuungsansatz, Informations- und Kommunikationsansatz.

Was ist die Erwartung der Kundinnen und Kunden an eine zukünftige Bank?

- Emotion, die den Kunden über das übliche Produktspektrum hinaus anspricht; von der perfekten digitalen User Experience bis hin zur angenehmen persönlichen Betreuung. Eine emotionale Bindung zur Bank bzw. zum Berater führt zu zufriedenen oder gar begeisterten Kunden.
- digitale Selbstbedienung
- Treffpunkt; die Bank als Ort der sozialen Interaktion
- aktive Bedürfnisidentifikation vonseiten der Bank
- Vernetzung mit Partnern – Kommunikationsdrehscheibe
- Financial Literacy; die Bank als Instrument der Finanzbildung
- technologische Unterstützung
- ganzheitliche personalisierte Erfahrung
- Sparring Partner in (komplexeren) Geldangelegenheiten
- Sicherheit
- Vertrauen

Wie kann eine Bankfiliale in Zukunft Ertrag erwirtschaften?

Abbildung 16: Möglichkeiten der Gewinnerbringung für Filialen

Differenzierungspotenzial besteht dann, wenn die Beratungsleistung in der Filiale über das eigentliche Kerngeschäft einer Bank hinausgeht. Dafür bietet sich zum Beispiel das Geschäftsfeld der KMU an. In Österreich gibt es sehr viele „kleine" Unternehmen, welche den Anforderungen der Gegenwart und Zukunft nicht mehr gewachsen sind.

So müssen Unternehmen etwa ihre Zuständigkeiten und Verantwortungen in einer immer länger werdenden Liste von Themen wahrnehmen. Diese reicht vom ArbeitnehmerInnenschutzgesetz über DSGVO und Nachhaltigkeit (Lieferkettengesetz) bis hin zum HinweisgeberInnenschutzgesetz. Insofern stellt sich die Frage, ob Banken mit ihrem Know-how und ihren Ressourcen als Netzwerkpartner entsprechende Leistungen zur Verfügung stellen können.

> *„In der klassischen, analogen Welt können also Filialen einen klaren Wettbewerbsvorteil erzielen, wenn es den Beratern gelingt, kundenorientiert und zentriert tätig zu sein und unabhängig vom zweifelsohne vorhandenen Verkaufsdruck nicht einfach Produkte anzubieten, sondern Lösungen."*
>
> Kreiger (2022), Seite 155[14]

---

[14] Kreiger, Gernot (2022): Brauchen Kunden noch Filialen? In: Mario Offenhuber (Hrsg.): Ökologisierung, Krisen und digitales Geschäft. Wien: MyMorawa. Seite 155.

Zur Person:

Johannes Haid *stammt aus einer Tiroler Unternehmerfamilie und studierte Marketing und Computer Information Systems an der Hawaii Pacific University.*

Nach dem Abschluss kehrte Haid nach Österreich zurück, beendete das Studium für Betriebswirtschaft in Innsbruck und stieg in weiterer Folge in den Familienbetrieb in Innsbruck ein. Gemeinsam mit dem ältesten Bruder Helmut wurde das Lichthaus Haid in zweiter Generation übernommen. Ein Produktionsbetrieb für Lichtwerbung.

2005 trat er in die Hypo Tirol ein. Von 2012 bis 2013 war er Vorstand der Hypo Tirol Bank Italia. Beim Abbau des Kreditportfolios in Italien und der Überleitung der Aktiengesellschaft in eine EU- Filiale hat er federführend mitgearbeitet. Seit 2015 ist er Vertriebsvorstand der Hypo Tirol.

Johannes Haid ist verheiratet und Vater einer Tochter und eines Sohnes. Darüber hinaus absolvierte er über 100 Länderspiele für die österreichische Basketballnationalmannschaft und war einer der ersten Europäer, die mittels Stipendium in den USA erfolgreich in der amerikanischen Studentenliga gespielt haben.

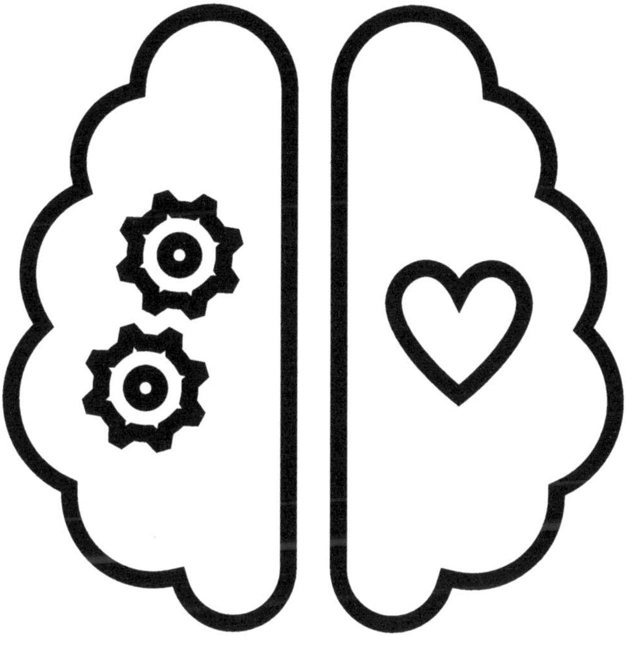

Winning Hearts and Minds in Banking

Tamara Kunert & Josef Mayerhofer

Winning Hearts and Minds in Banking: Die Macht von User Experience, Gamification und emotionaler Kundenbindung

Wenn wir über die Bankenbranche nachdenken, fällt uns wahrscheinlich als Erstes das Bild einer sehr konservativen, streng regulierten Branche ein, in der Vertrauen und Sicherheit die höchsten Güter sind. Doch in einem Zeitalter, in dem Kunden immer mehr Möglichkeiten und Auswahl haben, reichen Vertrauen und Sicherheit nicht mehr aus, um sie langfristig an ein Finanzinstitut zu binden. Banken müssen einen Schritt weiter gehen und nicht nur die Köpfe, sondern auch die Herzen ihrer Kunden gewinnen. In diesem Kapitel werden wir uns damit beschäftigen, wie sie dies durch die Macht von User Experience, Gamification und emotionaler Kundenbindung erreichen können.

Die Formulierung „Winning Hearts" mag zunächst befremdlich wirken, besonders in einer Branche, die traditionell von Zahlen und Fakten dominiert wird. Doch immer mehr Studien zeigen, dass Emotionen eine zentrale Rolle in der Kundenbindung spielen. Kunden, die eine starke emotionale Bindung zu einem Unternehmen oder einer Marke haben, bleiben dieser in der Regel länger treu, sind weniger preissensibel und empfehlen sie auch eher weiter. Kurzum: Emotionale Kundenbindung ist ein Schlüsselfaktor für langfristigen Erfolg und Wachstum.

Wie können wir diese emotionale Kundenbindung schaffen?

Die Beziehung zu unseren aktuellen oder potenziellen Kundinnen ist nichts anderes als eine zwischenmenschliche Beziehung. Eine emotionale Bindung entsteht, wenn wir uns aufrichtig für unsere Kunden interessieren. Nicht allein deshalb, weil wir ihnen etwas Neues verkaufen möchten (was natürlich trotzdem am Ende das Ziel ist), sondern weil wir bestrebt sind, das Produkt oder den Service so gut wie möglich zu gestalten. Weil es uns wichtig ist, dass unsere Kundinnen zufrieden sind und sich mit unserer Leistung gut fühlen. Weil wir darauf aus sind, ihnen Arbeit abzunehmen und dadurch eine Bereicherung in ihrem Leben zu schaffen.

Das vorrangige Bedürfnis, zu verkaufen, bremst dabei die Emotionen der Kunden aus. Reines Verkaufen ist eine sehr einseitige Beziehung. Und einseitige Beziehungen funktionieren schlichtweg nicht. Wie oft würden Sie eine Freundin besuchen, die sich ausschließlich dann meldet, wenn sie Hilfe beim Heimwerken benötigt?

Reziprozität: Das stille Lied langlebiger Kundenbeziehungen

Eine Beziehung funktioniert langfristig nur, wenn sie auf dem Prinzip der Gegenseitigkeit basiert. Diesen Grundsatz nennen wir Reziprozität. Wir können Reziprozität auf verschiedene Weisen erzeugen: Wir können etwas für unsere Kunden tun, ohne unmittelbar ein Preisschild daran zu heften. Anstelle ständig unsere Werbebotschaften zu senden, können wir unsere Kundinnen sprechen lassen und uns für ihre Meinungen, Werte und Probleme interessieren.

Die Königsdisziplin ist jedoch, in diesem Dialog mit unseren Kunden zu zeigen, dass wir ihnen tatsächlich zugehört haben, indem wir uns verändern und aktiv darüber informieren, was nun anders ist. Wenn wir das schaffen, merken unsere Kundinnen, dass sie uns am Herzen liegen. Sie erkennen dann, dass wir der richtige Partner für sie sind – und zwar dauerhaft.

Design Thinking: Architektur der Kundenbeziehungen

Design Thinking als Katalysator für emotionale Kundenbindung bildet die Grundlage unserer Geschäftsphilosophie.

Lange Zeit war die Geschäftsstrategie hauptsächlich auf unternehmensinterne Kriterien ausgerichtet, ausgehend von den Geschäftszielen und -zahlen. Mittlerweile können Kundinnen wählen, welche Dienstleistung sie in Anspruch nehmen und welches Produkt sie kaufen. Das ist einer der Gründe, warum Empatic - The Human Experience Company existiert. Wir holen den Kunden oder die Kundin an den Tisch, um ihnen eine Stimme zu geben und die Nutzerziele in Entscheidungsfindungen und Strategie einzubringen. Im Design Thinking wägen wir strategisch Geschäftsziele, Nutzerziele und

Umsetzbarkeit ab, um am Ende ein Produkt oder ein Erlebnis zu schaffen, das begeistert.

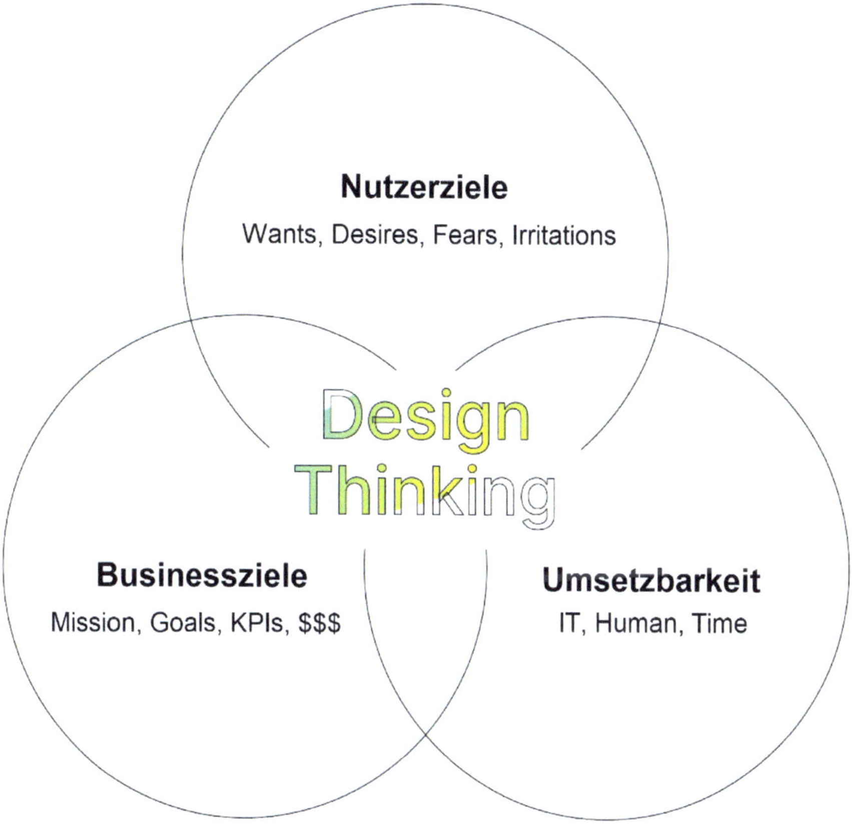

Abbildung 17: Der Double Diamond des Design Thinking

Design Thinking ist mehr als nur ein Toolset – es ist eine Denkweise. Am häufigsten erklären wir Design Thinking mit dieser Grafik, dem Double Diamond – der Grundprozess des Design Thinkers.

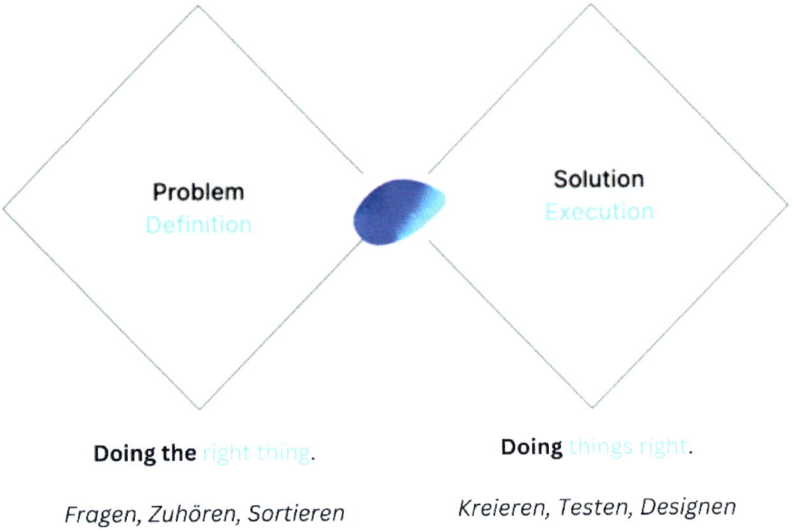

Abbildung 18: Problemdefinition und Lösungsfindung

Wenn wir auf ein Problem stoßen oder wenn wir ein Produkt verbessern wollen, eilen wir nicht gleich zur nächstbesten Lösung. Wir gehen einen Schritt zurück, um ein tiefes Verständnis für die Problemstellung und die Menschen, die davon betroffen sind, zu entwickeln. Dazu führen wir Interviews, beobachten, betreiben Marktforschung, organisieren Workshops und vieles mehr. Das Schlüsselelement in diesem Prozess ist: Fragen stellen, zuhören, und das Gewonnene sortieren.

Dieser Prozess wird durch den ersten Diamanten repräsentiert (Problemdefinition). Er wird breiter, weil wir immer mehr Daten sammeln. Wenn wir viele Daten haben, beginnen wir, diese zu verdichten und Muster zu finden, um sie schließlich auf eine spezifische Problemstellung herunterzubrechen. Erst am Ende erkennen wir, was die Ursache für das Problem ist. In dieser Grafik ist das der Punkt genau zwischen den beiden Diamanten.

Der zweite Diamant repräsentiert die Lösungsfindung. Auch hier öffnen wir uns zunächst. Wir beginnen, mögliche Lösungen zu sammeln und versuchen dabei, so frei wie möglich zu denken, ohne uns zunächst um Machbarkeit, Wirtschaftlichkeit oder Realitätsnähe zu kümmern. Um dies effektiv zu tun, arbeiten wir auf kollaborative Weise. Wir verabschieden uns von der Silo-Mentalität und sagen „Hallo gemischte Abteilungsteams", um das wertvolle Wissen aller Stakeholder zu nutzen.

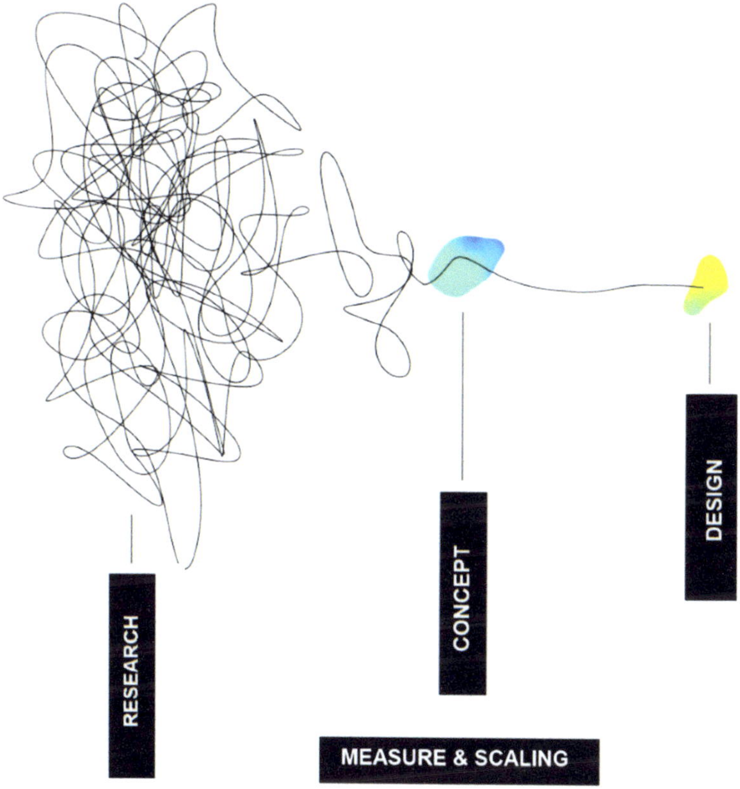

Abbildung 19: Prozess der Problemlösung

Wenn wir viele mögliche Lösungen haben und der zweite Diamant an seinem weitesten Punkt angekommen ist, testen wir unsere Lösungen und messen, welche am besten funktionieren. Diese verbessern wir weiter, um letztlich den optimalen Weg zu identifizieren. Die Optionen reduzieren sich – und damit auch der Diamant.

Bei Design Thinking geht es also nicht um ästhetisches Design, sondern um einen Prozess, mit dessen Hilfe Herausforderungen achtsam gelöst werden können.

Design Thinking ist kein linearer Prozess und wirkt gerade zu Beginn chaotisch. Am Anfang eines Projekts kennen wir das Problem, die Kundinnen und die Lösung noch nicht. Deshalb gehen wir schon in der Forschungsphase in verschiedene Richtungen und sammeln unterschiedliche Daten. Im Laufe des Prozesses verdichten sich die Daten, sodass die konkrete Problemstellung und damit der Weg für das weitere Projekt klar werden.

Empathie: Kundinnen verstehen

Für eine erfolgreiche Forschungsphase (und am Ende eine emotionale Kundenbindung) ist Empathie ein entscheidender Faktor. Empathie bedeutet nicht Mitgefühl, sondern ein tiefes Verständnis für die Bedürfnisse und Gefühlswelt der Zielgruppe.

Empathie entsteht dadurch, dass Sie sich Zeit nehmen, um die tiefsitzenden Gedanken und Gefühle Ihrer Kunden kennenzulernen. Dazu untersuchen Sie, welche Aufgaben Ihre Kundinnen erledigen, welche übergeordneten Ziele sie dabei verfolgen und welche Bedürfnisse sie dabei haben. Wie sie sich dabei fühlen und welchen Einflüssen sie ausgesetzt sind. Welche anderen Dinge, Menschen oder Umstände sie beim Erledigen der Aufgabe beeinflussen (müssen nebenher Kinder beaufsichtigt werden oder wird die Aufgabe hauptsächlich an belebten Orten durchgeführt?).

Zu guter Letzt sammeln Sie die aktuellen Schmerzpunkte Ihrer Zielgruppe, die es zu überwinden gilt.

Wir verwenden gerne eine Empathy Map, um diese Eindrücke sinnvoll zu sammeln und zu strukturieren.

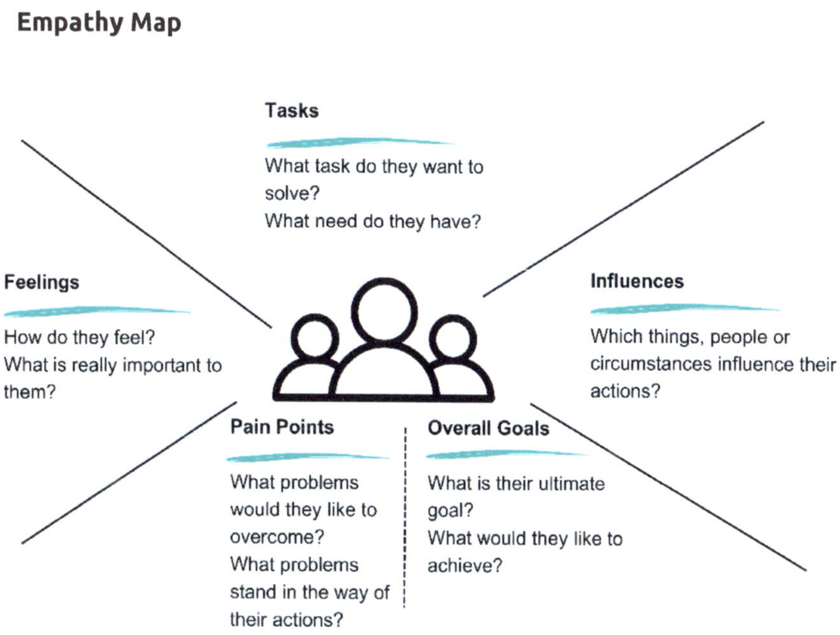

Abbildung 20: Empathie für die Kundenperspektive

Mit der neu entwickelten Empathie schaffen wir einen Perspektivwechsel von der Business- zur Kundenperspektive. Wenn uns das gelingt, können wir entdecken, wie wir unsere Kundinnen motivieren und begeistern können.

Aber wie können Sie an all diese Daten und Einblicke kommen, ohne unzählige Interviews zu führen und ein zu hohes Zeitinvestment zu bringen?

Research Operations: Die optimale Nutzung von Daten

Die gute Nachricht: Sie sammeln bereits viele Informationen über Ihre Kunden. Im ganzen Unternehmen findet in verschiedenen Abteilungen ein Austausch mit Kundinnen statt. Der Vertrieb kennt die Bedürfnisse und Fragestellungen der Kunden, in der Service-Hotline landen Beschwerden und Probleme. Diese Daten können abteilungsübergreifend genutzt werden und so am Ende für die Produktentwicklung oder das Marketing eine wichtige Rolle spielen.

Die sinnvolle Aufbereitung, Speicherung und Verbreitung dieser wichtigen Informationen heißt „Research Operations". Dazu werden verschiedene Hilfsmittel eingerichtet und ein nachhaltiger Forschungsprozess geschaffen mit dem Ziel, bereits gesammelte Daten nicht zu verlieren, im gesamten Unternehmen zu nutzen und weitere Forschungsprojekte auf bereits gesammeltem Wissen aufzubauen.

Abbildung 21: Entwicklung von Methoden, die abteilungsübergreifend hilfreich sind

In unseren Research-Projekten finden wir immer Hinweise für andere Teams und Abteilungen. Research Operations ermöglicht es, dass unabhängige Teams darauf zugreifen können.

Deshalb sind die schönsten Projekte für uns solche, bei denen wir nicht nur für ein einzelnes Forschungsprojekt oder ein einziges

Testing hinzugezogen werden, sondern wo wir die nachhaltige Nutzung von Forschungsergebnissen vorantreiben können.

Der Pfad zum Verständnis: Customer Journey Mapping

Eines der wichtigsten Tools zum besseren Verständnis für Kunden und ihre Aufgaben ist die Customer Journey Map. Sie ist eine Visualisierung der verschiedenen Schritte, die Ihre Kundinnen im Zusammenspiel mit dem Unternehmen durchlaufen. Anhand der bereits im Unternehmen bestehenden Daten werden Interviews geführt, um bisher unbekannte Kundenschritte aufzudecken sowie die Emotionen und Schmerzpunkte während der Kundenreise über alle Touchpoints hinweg zu explorieren.

Die Unternehmen, für die wir eine Customer Journey Map entwickelten, hängen die fertige Map gut sichtbar in ihren Bürogebäuden auf. Dadurch werden sie regelmäßig mit dem Blickwinkel der Kunden konfrontiert – der Perspektivwechsel von der Business- zur Kundensicht wird nachhaltig etabliert.

Die Customer Journey Map verwenden wir außerdem als Grundlage für weitere Innovation und Verbesserung der Kundenreise. Wir identifizieren die Momente, welche aktuell besonders negativ auffallen und erarbeiten in abteilungsübergreifenden Teams neue Lösungen und Verbesserungsvorschläge für diese Momente.

Zudem kennzeichnen wir die bedeutungsvollen Momente, also jene Schritte in der Kundenreise, die besonders wichtig für die Kundenbeziehung sind. Auch diese wollen wir verbessern und unvergesslich gestalten. Eine Methode, auf die wir dabei zurückgreifen, ist Gamification.

Spielend leicht: Die Kunst, Kunden mit Gamification zu begeistern

Gamification bedeutet, Aufgaben spielerisch zu gestalten. Schaut man sich „klassische" Gamification an, findet man Elemente, die man aus Computerspielen kennt: Erfahrungspunkte, Highscores, Ranglisten, virtuelle Währungen. So sollen langweilige Aufgaben interessanter erscheinen, Kunden ein besseres Gefühl haben und dadurch an das Produkt gebunden werden.

Unserer Ansicht nach funktioniert es jedoch mit Punkte zählen und Ranglisten nur selten. Erwachsene Menschen lassen sich nur begrenzt mobilisieren, wenn sie dafür einen Smiley-Sticker vom Lehrer bekommen. Vor allem im Bereich Banking müssen spielerische Features überlegt eingesetzt werden, da finanzielle Entscheidungen eine ernste Angelegenheit sind.

Wir behaupten, Gamification macht eine Aufgabe leichter und „freundlicher". Die nervige Pflicht wird zu einer angenehmen Tätigkeit. Das erreichen wir, indem wir an ausgewählten Stellen einen kleinen Dopamin-Kick auslösen, zum Beispiel durch eine Bestätigung zwischendurch oder einen freundlichen Bestätigungston.

Gamification ist nicht nur digital. Sie können auch das Ausfüllen von unverständlichen Formularen, die zum Beispiel Krankenkassen gerne verwenden, angenehm gestalten. Versetzen wir uns in die Perspektive des Empfängers, finden wir schnell heraus, dass wir anstatt des meistbenutzten Fachjargons die Sprache der Lesenden verwenden sollen, dass Fachbegriffe erklärt werden müssen und die Formulare so übersichtlich aufgebaut sein müssen, dass klar ist, was eigentlich ausgefüllt werden muss.

Wenn wir dann das Sahnehäubchen obendrauf setzen möchten, zeigen wir unseren Kunden, dass wir auch Menschen sind. Wir rücken die persönliche Beziehung in den Vordergrund, nehmen die Kundinnen an die Hand und machen eine eigentlich nervige und stressige Aufgabe zu etwas Leichtem, das vielleicht sogar Spaß macht.

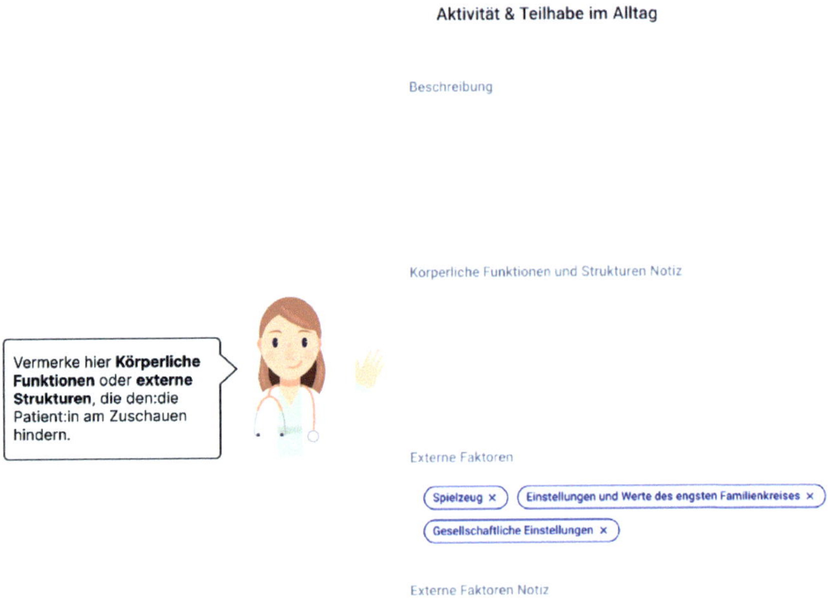

Abbildung 22: Persönliche Beziehung zu den Kundinnen und Kunden

Design Thinking für den Bankensektor

In der Vergangenheit gab es immer wieder Wellen, in denen sich die Struktur und Arbeitsweise von Unternehmen tiefgreifend verändert haben. In der zweiten Hälfte des letzten Jahrhunderts begannen Unternehmen, Marketing zu praktizieren. Danach kam die Digitalisierung von Geschäftsprozessen, die bis heute andauert. Genauso wie die New Work-Welle.

Derzeit ist eine weitere sehr große Welle im Anmarsch: die Design Thinking-Welle. Diese Welle soll die Probleme der älteren Unternehmen angreifen: veraltete IT-Systeme, Silodenken, überholte Prozesse und Arbeitsweisen, zu wenig Kundenorientierung.

Design Thinking-Botschafter

Diese Welle kann nur ankommen, wenn sie aktiv ins Unternehmen hineingetragen und dort aufgenommen wird. Dafür brauchen wir Design Thinking-Botschafter. Der Automobil-Zulieferer Miba, ein technisch sehr innovatives Unternehmen, hat uns beauftragt, einen Wandel in der Organisation von über 7.000 Mitarbeitenden anzustoßen. Unsere Aufgabe: Kundenzentrierung und Design Thinking im Unternehmen zu verankern.

Wir sind überzeugt, dass Menschen, wenn sie einmal das Licht gesehen haben, von sich aus kundenorientierter und innovativer arbeiten. Deshalb ist es unsere Strategie, die Mitarbeiter des Unternehmens zu schulen und mit ihnen zusammenzuarbeiten. Wir wollen aktiv vorzeigen, wie wir arbeiten, und die Menschen dazu einladen, diesen neuen Ansatz auszuprobieren.

Da wir nicht alle gleichzeitig erreichen können, haben wir ein Botschafter-Programm entwickelt, mit dem wir einen Dominoeffekt erreichen wollen. Mit einer kundenorientierten Einstellung zur Arbeit zu gehen, macht auch die Arbeit selbst freudvoller. Wir hoffen, dass wir Sie, liebe Leserinnen und Leser, ein Stück weit dafür begeistern konnten und dass Sie Keimzellen in Ihren Unternehmen sein werden.

Der Erfolg mit Kunden erfordert eine ganzheitliche Perspektive und kann nicht von einzelnen Abteilungen oder Personen getragen werden. Deshalb streben wir einen Wandel in der Haltung von Organisationen an. Wir versuchen, den Reifegrad der Kundenorientierung zu erhöhen. Das Modell, das Sie in der Grafik sehen können, verdeutlicht, wie stark die Kundenorientierung von der Haltung des gesamten Unternehmens beeinflusst ist.

Die meisten Unternehmen haben heute die Relevanz erkannt und sagen: Die Kundenzentrierung ist uns wichtig oder sehr wichtig. Dies bedeutet, dass deren Reifegrad irgendwo zwischen Limited und Emergent liegt.

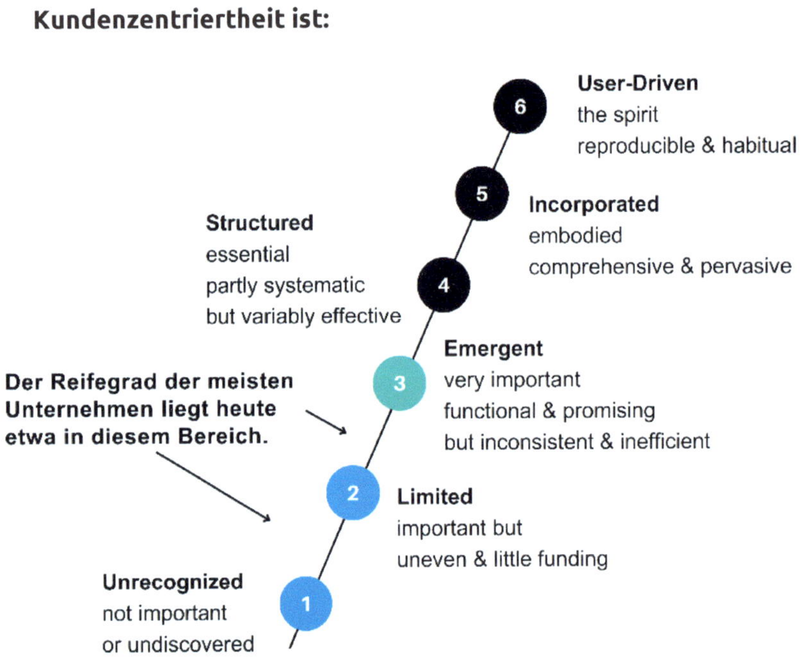

Abbildung 23: Stufen der Kundenzentrierung

Damit man aber mit der Umsetzung Erfolg hat, muss diese Haltung in die DNA eines Unternehmens übergehen. Dies erreichen wir einerseits, indem wir die gesamte Belegschaft dafür begeistern (bottom-up) und andererseits, indem wir die notwendigen Strukturen schaffen (top-down). Wenn das gelingt, erreicht man irgendwann die höchste Stufe und die Kundenzentrierung wird zur Organisations-Gewohnheit.

Vertrauen

Herausgehoben aus der ganzheitlichen Perspektive möchten wir noch einzelne Aspekte betrachten. Im Finanzsektor ist gegenseitiges Vertrauen von besonderer Bedeutung. Selbst an einer Börse, wo das Vertrauen in den Handelspartner quasi automatisiert wegfällt, spielt Vertrauen eine wichtige Rolle. Nämlich das Vertrauen in den Marktplatz, in die Software und letztendlich sogar in die Clearingstelle. Vertrauen bedeutet emotionale Sicherheit und das ist das Fundament jeder Beziehung.

Wie erzeugen wir Vertrauen? Seien Sie ansprechbar und zeigen Sie das auch. Seien Sie erklärungsfreudig – setzten Sie auf Edutainment und einfache Sprache. Ein professionelles Design hilft dabei, schneller und sicherer wahrgenommen zu werden. Diese Tatsache ist Cognitive Biases geschuldet. Menschen sind definitiv keine rationalen Wesen. Wichtig bei digitalen Touchpoints ist außerdem: keine Bugs und Abstürze.

Wie erreichen wir ein professionelles Design und Produkte ohne Bugs? Durch einen strukturierten Ansatz zur User Experience (UX).

Differenzierung in einer homogenen Branche: Die Rolle der User Experience

Gerade bei Banken sind die Dienstleistungen extrem ähnlich. Ein Konto ist ein Konto und ein Kredit ist ein Kredit. Eine gut gemachte digitale Oberfläche ist daher eine der wenigen Möglichkeiten, sich deutlich zu differenzieren.

Wir haben Fintech-Startups nicht erwähnt, auch weil die Zukunftsfähigkeit ihrer Geschäftsmodelle gerade unklar ist. Benchmarks für Apps sind trotzdem die Neobanken. "Good artists copy, great artists steal." Das bedeutet: Alles, was die gut machen, übernehmen und darüber hinausgehen. Durch Nutzerbeobachtung können Sie erkennen, welche Bedürfnisse zusätzlich vorhanden sind.

Die wichtigsten drei Zutaten guter Usability sind: testen, testen und testen. Die Verbesserung der Usability ist ein mehrstufiger und kontinuierlicher Prozess. Und Testings sollten im Kalender mindestens so regelmäßig auftauchen wie verlängerte Wochenenden.

Das Mensch-zu-Mensch-Geschäft im B2B-Bereich

Wenn man an Apps denkt, denkt man meistens an Endkunden. Aber auch den B2B-Bereich muss man als Mensch-zu-Mensch-Geschäft verstehen. Ein häufiges Missverständnis ist, und das nicht nur im Bankensektor, dass das B2B-Geschäft ausschließlich von harten Fakten und Konditionen getrieben wird. Wenn es uns aber gelingt, die Perspektive zu wechseln, können wir herausfinden, wie wir auch B2B-Kunden motivieren und begeistern – und emotional binden – können. Dies erreichen wir sowohl durch die Qualität unserer Interaktionen als auch durch die Qualität unserer Leistungen.

Die Bedeutung der Touchpoints

Kundeninteraktionen spielen eine entscheidende Rolle in der Beziehung zwischen Banken und ihren Kundinnen. Um diese Interaktionen erfolgreich zu gestalten, ist es wichtig, alle Touchpoints entlang der Customer Journey zu betrachten und zu hinterfragen.

Zwar ist etwa der zentrale Touchpoint im Business-to-Customer (B2C)-Geschäft das E-Banking, aber am Bankschalter und bei persönlichen Gesprächen in Bankbüros kann über die persönliche Interaktion eine echte Beziehung hergestellt werden.

Ein effektiver Ansatz zur Prozessualisierung der Kundeninteraktionen sind Voice of the Customer-Programme. Diese Programme ermöglichen es, Kundenfeedback systematisch zu erfassen und auszuwerten. Dabei werden nicht nur manuelle Auswertungen vorgenommen, sondern auch automatisierte Analysetechnologien eingesetzt. Die rein automatisierte Kommunikation führt allerdings zu einer einseitigen Interaktion.

Auch wenn wir diesen strukturierten Ansatz, auf die Suche nach Kundenfeedback zu gehen, sehr empfehlen, sollten Sie trotzdem in einer persönlichen Form antworten und den menschlichen Aspekt in der Kommunikation bewahren.

Executive Field Experience

Die letzte Maßnahme, die wir vorstellen möchten, ist die sogenannte Executive Field Experience. Dabei geht es darum, auch die oberste Führungsebene zumindest einmal pro Jahr direkt mit Kunden in Kontakt zu bringen.

Die Priorisierung von Kundenzentrierung ist eine strategische Entscheidung, die von der Unternehmensleitung getroffen werden muss. Um diese Entscheidung zu unterstützen und zu stärken, ist es von entscheidender Bedeutung, dass die Führungsebene ein tiefgreifendes Verständnis für die Bedürfnisse, Wünsche und Herausforderungen der Kunden entwickelt. Dieses Verständnis kann nicht allein durch Berichte, Präsentationen oder Meetings vermittelt werden. Stattdessen müssen die Führungskräfte den direkten Kontakt zu den Kundinnen suchen.

Die Executive Field Experience bietet eine Gelegenheit für die Führungsebene, in die Welt der Kunden einzutauchen. Indem sie Zeit damit verbringen, Kundinnen persönlich zu treffen, deren Bedürfnisse zu verstehen und ihre Perspektive einzunehmen, werden sie daran erinnert, dass die Kundenzufriedenheit und -erfahrung im Mittelpunkt des unternehmerischen Handelns stehen sollten.

Sie erkennen die Bedeutung einer kundenorientierten Denkweise und wie diese die Grundlage für erfolgreiche Geschäftsentscheidungen bildet. Indem sie sich selbst in die Lage von Kunden versetzen, können sie besser nachvollziehen, was Kundenzentrierung wirklich bedeutet und wie sie das Unternehmen voranbringen kann.

Darüber hinaus hat die Teilnahme der Führungsebene an der Executive Field Experience auch eine starke symbolische Wirkung. Sie zeigt den Mitarbeitenden und dem gesamten Unternehmen, dass Kundenzentrierung kein leeres Schlagwort ist, sondern tatsächlich von höchster Priorität auf der Agenda steht.

Fazit

Setzen Sie den Fokus auf eine authentische Beziehung zu Ihren Kunden. Entwickeln Sie ein tiefgreifendes Verständnis für ihre Bedürfnisse, Ängste und Erwartungen. Verstehen Sie Ihre Customer Journey und sammeln Sie wertvolle Erkenntnisse und Daten, die im ganzen Unternehmen genutzt werden können.

Treten Sie mit Ihren Kundinnen in einen konstruktiven Austausch, experimentieren Sie und testen Sie unterschiedliche Herangehensweisen, um ihre Bedürfnisse zu erfüllen. Verankern Sie ein Design-Thinking-Mindset im gesamten Unternehmen, das eine kundenzentrierte Perspektive fördert.

Zusammengefasst: Bauen Sie auf einer aufrichtigen Beziehung zu Ihren Kunden auf, entwickeln Sie ein tieferes Verständnis für ihre individuellen Bedürfnisse und Aufgaben und nutzen Sie diese Erkenntnisse, um emotional bedeutsame Momente zu schaffen.

Dadurch werden Sie eine starke emotionale Kundenbindung aufbauen und festigen.

Zu den Personen:

***Tamara Kunert** ist Research Lead bei Empatic – The Human Experience Company und engagiert sich als Forschungs-Coach in der Empatic Academy. Sie verfügt über umfangreiche Erfahrung in der Durchführung von Kundenforschung zur Ausrichtung von UX-Strategie, mit Expertise sowohl in qualitativen als auch quantitativen Methoden.*

Bevor sie diese Rolle bei Empatic übernahm, gestaltete sie als User-Experience-Architektin intuitive Workflows und arbeitete mit Organisationen wie Wüstenrot, Swarco und der Universität Innsbruck zusammen, um neue Produktvisionen zu formen und umzusetzen.

In ihrer aktuellen Position leitet sie Empatics Forschungsinitiativen und setzt ihre umfangreichen Kenntnisse in UX-Design und -Forschung ein, um Projekte mit Unternehmen wie BORA und ACREDIA voranzutreiben.

***Josef Mayerhofer** ist CEO und Business Designer bei Empatic – The Human Experience Company in Innsbruck, sowie Dozent an der Fachhochschule Technikum Wien.*

Bevor er Empatic gründete, lenkte er 7 Jahre als Product Manager die Entwicklung Apps und Websites bei der Deutsche Börse AG in Frankfurt. Heute entwickelt sein Unternehmen nach den Prinzipien des Human-Centered-Designs Produkte und Dienstleistungen für verschiedenste Branchen.

Er spricht regelmäßig über den Wert von Design Thinking und Innovation und setzte sein Wissen unter anderem bei Projekten mit Roche, ACREDIA und Swarovski ein.

Influencer Marketing

Nicole Walzhofer

Influencer Marketing: Wie Banken junge Kund:innen erreichen können

In den letzten Jahren hat sich die Medienlandschaft stark verändert und durchläuft einen großen Wandel im Zeitalter der Digitalisierung. Neben der Kommunikationsweise hat sich auch die Art, wie wir Informationen und Bewertungen suchen und finden, grundlegend geändert. Die Wirkung vom klassischen Marketing und von klassischer Werbung wird auf Grund dieser Entwicklungen immer wieder angezweifelt, da angenommen wird, dass diese Art der Werbung die Zielkunden nicht mehr erreicht. Dies führt dazu, dass es zu einer Neuausrichtung des Marketing- und Kommunikationskonzepts in Kombination mit Social Media kommt.[15] [16]

---

[15] vgl. Jahnke, M. (2018). Ist Influencer Marketing wirklich neu? In: M. Jahnke (Hrsg.), Influencer Marketing. Für Unternehmer und Influencer: Strategien, Plattformen, Instrumente, rechtlicher Rahmen (pp.1-14). Wiesbaden: Springer Gabler. Seite 2.

[16] Baerns, B. (2004). Leitbilder von gestern? Zur Trennung von Werbung und Programm. Eine Problemskizze und Einführung. In B. Baerns (Hrsg.), Leitbilder von gestern? Zur Trennung von Werbung und Programm. Eine Problemskizze und Einführung (pp. 13-42). Wiesbaden: Verlag für Sozialwissenschaften/GWV Fachverlage GmbH. Seite 29.

Da sich die Anforderungen an den Finanzdienstleister verändert haben, müssen Unternehmen aller Branchen, auch die der Finanzbranche, ihre Strategien und Konzepte überdenken oder auch neu aufstellen, damit sie ihre bestehenden, aber auch neue Kunden erreichen, um mit ihnen zu kommunizieren. Das Vertrauen der Konsumenten in die klassische Werbung sinkt, wohingegen das Vertrauen in Empfehlungen sozialer Kontakte steigt. Das ist auch der Grund, warum viele Unternehmen auf Influencer Marketing setzen – dabei ist der Trend, dass man auf Empfehlungen von nahestehenden Personen vertraut, nicht neu.

Influencer und Influencer Marketing

Den Begriff Influencer hört und liest man heutzutage ständig und viele Menschen denken dabei automatisch an bekannte Persönlichkeiten, Blogger oder Social Media Stars aus dem Internet. Den meisten Menschen ist jedoch nicht bekannt, dass es sich hierbei um keine neue Begrifflichkeit handelt, sondern lediglich der „Einsatz" mit Social Media lässt den Begriff wieder neu „erscheinen". Einflussreiche Personen gab es schon immer, jedoch das Wort „influence" kam zum ersten Mal 1984 im Werk „Influence: Science and practice" des US-Psychologie Professors Robert Cialdini vor.[17]

Der Begriff Influencer bezeichnet eine Person, die Einfluss auf des Verhalten anderer Menschen hat. Setzt man den Begriff Influencer in Zusammenhang mit Social Media, dann spricht man von Personen mit einer hohen Reichweite, die auf ihren Plattformen Werbung für ein Produkt machen. Eine andere Erklärung liefert Deges (2018), die besagt, dass Influencer Personen sind, die aus eigenem Antrieb Content, das sind Inhalte, die Influencer produzieren, z.B. Bilder

[17] vgl. Kohn, A. (2016). Die Macht der Meinung in sozialen Medien. Download unter: https://journal-kk.de/andreas-kohn-die-macht-der-meinung-in-sozialen-medien-2/ (Abruf: 20.7.2023)

oder Texte, in einer hohen Frequenz veröffentlichen, um eine soziale Interaktion zu initiieren.[18]

Der Begriff Finfluencer wird immer häufiger genannt und bezeichnet Influencer, die sich mit Finanzanlagen und Finanzdienstleistungen beschäftigen und Tipps zur Geldanlage auf ihren Social Media Plattformen veröffentlichen.[19]

Es kommt vor, dass Influencer auch mit Testimonials gleichgesetzt werden, doch hier besteht ein Unterschied. Testimonials, die immer schon in der klassischen Werbung eingesetzt werden, haben vom Hintergedanken her dieselbe Funktion wie Influencer, jedoch werden Testimonials direkt in die klassische Werbung integriert. Testimonials repräsentieren das Unternehmen, Influencer aber repräsentierten sich selbst. Ein weiteres Unterscheidungsmerkmal: Influencer Marketing findet im Gegensatz zur klassischen Werbung nur online statt.[20]

Im Laufe der Zeit haben sich viele Kriterien gebildet, die es ermöglichen, Influencer nach bestimmten Vorgaben in verschiedene Gruppen zu unterteilen. Diese Einteilung hat den Vorteil, dass dadurch die Influencer-Wahl für Unternehmer einen erheblichen Einfluss auf die Auswahl hat. So ist es für den Unternehmer leichter, einen Influencer zu finden, der vom Typ, Charakter, der Persönlichkeit und dem Themenbezug am besten zum Unternehmen passt.

---

[18] vgl. Deges, F. (2018). Quick Guide. Influencer Marketing. Wie Sie durch Multiplikatoren mehr Reichweite und Umsatz erzielen. Wiesbaden: Springer Gabler. Seite 14.
[19] vgl. Reachbird (2022). Finfluencer - Wie Influencer erfolgreich mit Finance Content begeistern https://www.reachbird.io/magazin/de/finfluencer/ (Abruf: 24.7.2023)
[20] vgl. Ruff, H. (2017). Celebrity- vs. Influencer Marketing? Warum der Vergleich hinkt. Download unter: https://www.wuv.de/tech/celebrity_vs_influencer_marketing_warum_der_vergleich_hinkt (Abruf: 27.06.2020)

Die zwei bekanntesten Kategorisierungsmöglichkeiten sind jene nach Reichweite und Themenspektrum. Bei der Reichweite kann man zwischen Mega-, Makro-, Mikro- und Nano-Influencern unterscheiden.[21] [22] [23]

Jedoch muss diese Kennzahl mit Vorsicht betrachtet werden, denn eine hohe Reichweite muss nicht zwingend etwas über das Engagement jener Influencer aussagen.[24] Dennoch zeigt eine Studie vom Unternehmensberater PwC in Deutschland, dass die Reichweite der Influencer eine wichtige Bedeutung bei Jüngeren (16-40 Jahre) spielt.[25] Auf Grund der Größe ihrer Community und der Nähe zu ihren Followern gelten Mikro-Influencer als die einflussreichste Gruppe und in Zukunft wird von Unternehmen immer mehr auf sie gesetzt werden.

Eine weitere Möglichkeit Influencer einzuteilen, bietet die Kategorisierung nach Themengebieten. Da Influencer Marketing in den letzten Jahren zu einem richtigen Geschäftsmodell herangewach-

---

[21] vgl. Deges, F. (2018). Quick Guide. Influencer Marketing. Wie Sie durch Multiplikatoren mehr Reichweite und Umsatz erzielen. Wiesbaden: Springer Gabler.

[22] vgl. Tegtmeier, K. (2017). Micro, Macro, Nano und Mega – die Unterschiede von Influencern in in Reichweite und Einfluss. Download unter: https://espresso-digital.de/2017/10/12/micro-macro-nano-und-mega-die-unterschiede-von-influencern-in-reichweite-und-einfluss/ (Abruf: 20.9.2020)

[23] vgl. DIM (2020). Influencer Marketing – Der Einfluss von Meinungsmachern. Download unter: https://www.marketinginstitut.biz/blog/Influencer Marketing/#2_was_ist_ein_influencer_-_arten_von_influencern (Abruf: 20.7.2023)

[24] vgl. Deges, F. (2018). Quick Guide. Influencer Marketing. Wie Sie durch Multiplikatoren mehr Reichweite und Umsatz erzielen. Wiesbaden: Springer Gabler. Seite 23.

[25] vgl. PwC (2018). Zwischen Entertainer und Werber – Wie Influencer unser Kaufverhalten beeinflussen. Download unter: https://www.pwc.de/de/handel-und-konsumguter/pwc-zwischen-entertainer-und-werber.pdf (Abruf: 10.7.2020) Seite 9.

sen ist, haben sich auch bestimmte Themengebiete innerhalb des Influencer Marketings herauskristallisiert. Die wohl bekanntesten Themengebiete im Influencer Marketing sind Lifestyle & Beauty, Ernährung, Reisen, Sport und Mode.

Wie bereits zuvor erwähnt, ist der Trend, dass man sich auf Empfehlungen von Freunden und Familie vertraut, nicht neu. Influencer Marketing basiert auf dem Prinzip des Empfehlungsmarketings – es wurde auch schon vor dem Zeitalter des Internets zur Kundengewinnung und auch Kundenbindung genutzt. Darunter versteht man die gezielte Planung und Steuerung des Einsatzes von Influencern, um durch deren Meinungen und Empfehlungen, das Kaufverhalten der Menschen, der Zielgruppe, beeinflussen zu können.[26]

Es ist eine Marketingstrategie, die von der Reichweite und dem Einfluss wichtiger Meinungsführer profitiert.[27] Im Gegenzug für Geld oder Gratisprodukte, produzieren Influencer Werbung in Form von Videos und Postings und teilen ihre Erfahrung und Empfehlungen für ein Produkt über die sozialen Plattformen.

Wichtige Faktoren, die für den Erfolg des Influencer Marketings die Grundlage bilden, sind hierbei die Eigenschaften Glaubwürdigkeit und Vertrauen. Glaubwürdigkeit ist eine Eigenschaft, die Institutionen, Menschen aber auch anderen kommunikativen Produkten zugeschrieben wird. Demzufolge ist die Glaubwürdigkeit im Influencer Marketing auch ein entscheidender Faktor, was die Kaufentscheidung der User betrifft. Nur dann, wenn Kunden ihren Influencern vertrauen können, werden sie sich auf deren Empfehlungen verlassen.

---

[26] vgl. Deges, F. (2018). Quick Guide. Influencer Marketing. Wie Sie durch Multiplikatoren mehr Reichweite und Umsatz erzielen. Wiesbaden: Springer Gabler. Seite 35.
[27] vgl. Tamblé, M. (2015). Was ist Influencer Marketing? Download unter: https://www.influma.com/blog/was-ist-Influencer Marketing/ (Abruf 24.7.2023)

In Zeiten der Digitalisierung spielt Influencer Marketing auch bei Kaufentscheidungen eine wichtige Rolle. In einigen Phasen z. B. der Informationsbeschaffung können Influencer bzw. kann Influencer Marketing Einfluss auf das Kaufverhalten nehmen.[28]

Marketing in Banken

Der Begriff „Marketing" hat in den letzten Jahren neben dem inhaltlichen Wandel auch eine Weiterentwicklung in Bezug auf die Anwendungsfelder des Marketings durchlebt. Das klassische Marketing wurde anfangs im Konsumgüterbereich angewandt, aktuell wird es auch in fast allen Branchen wie z. B. im Investitionsgüterbereich, Dienstleistungsbereich, Handel und sogar im Non-Profit-Bereich eingesetzt.[29]

Drei Ansätze haben sich in der Marketingwissenschaft etabliert, die verschiedene Handlungsimplikationen aufweisen.[30]

a) Konsumgütermarketing

b) Investitionsmarketing

c) Dienstleistungsmarketing

Das Marketing der Banken lässt sich aufgrund der branchen-

---

[28] vgl. Nirschl, M. & Steinberg, L. (2018). Einstieg in das Influencer Marketing. Grundlagen, Strategien und Erfolgsfaktoren. Wiesbaden: Springer Gabler. Seite 26.

[29] vgl. Nieschlag, R. et al. (2002) Marketing (19. Auflage). Berlin: Duncker & Humblot. Seite 4 f.

[30] vgl. Meffert, H. et al. (2019). Marketing: Grundlagen marktorientierter Unternehmensführung – Konzepte – Instrumente – Praxisbeispiele (13. Auflage). Wiesbaden: Springer Gabler. Seite 22.

spezifischen Ausprägung in das Dienstleistungsmarketing eingliedern.[31] Banken sind heutzutage nicht mehr nur Anbieter reiner Finanzprodukte, sondern haben sich zu Dienstleistern entwickelt, die sich viel stärker dem Marktgeschehen widmen – sie gehen auf die Wünsche und Bedürfnisse ihrer Kunden ein und bieten kundenindividuelle Problemlösungen an.[32] Banken müssen sich auch aufgrund des digitalen Wandels überlegen, wie sie in Zukunft ihre Kunden erreichen und auf welche Art sie ihre Produkte präsentieren.

Durch den gezielten Einsatz der digitalen Medien verändern sich auch die Geschäftsprozesse und es geht in erster Linie immer um die Erfüllung der Kundenbedürfnisse. Mit Hilfe der digitalen Medien sollen insbesondere auch die teils schwachen Kundenbeziehungen gestärkt werden. Bereits Daum und Degel (2005) haben erforscht, dass Kundenbindung für Banken am gesättigten Markt unumgänglich ist und diese durch die richtig kommunizierten Leistungen und Angebote erreicht werden kann.[33]

Bisher setzten Banken hauptsächlich auf die traditionelle Werbung, ein Instrument der Kommunikationspolitik, um ihre Kunden zu erreichen und über Finanzprodukte zu informieren – in den letzten Jahren hingegen kann man erkennen, dass österreichische Banken ihre Social Media Präsenz aufbauen und pflegen (als Beispiel wäre hier die Erste Bank zu nennen). Es lassen sich in der Literatur aber kaum Gründe finden, warum Influencer

---

[31] vgl. Waschbusch, G. (o.J.) Bankenmarketing. Download unter: https://www.gabler-banklexikon.de/definition/bankmarketing-56013 (Abruf: 26.9.2020)

[32] vgl. Büschgen, H. E. & Börner, C. J. (2003). Bankbetriebslehre (4. Auflage). Stuttgart: UTB. Seite 1212.

[33] vgl. Daum, W. & Degel, J. (2005). Kundenbindung im Marketing – das Maß vieler Dinge. In D. Effert & W. Ronzal (Hrsg.), Erfolgreiche Vertriebsstrategien in Banken (pp. 21-32). Wiesbaden: Gabler Verlag. Seite 25-26.

Marketing noch nicht wirklich im Bankensektor angekommen ist. Man kann davon ausgehen, dass Influencer Marketing bei Produkten, die Emotionen beim Kunden auslösen können, besser ankommt.

Für Banken wird es schwieriger sein, ein positives Gefühl durch einen Bausparvertrag oder ein Girokonto auszulösen, wie es etwa Produkte des Lifestyles tun.[34] Die meisten Produkte haben an sich wenig emotionalen Wert und werden eher als Produkte angesehen, die man haben muss, anstatt haben möchte. Als weiteren Grund lässt sich die Tatsache nennen, dass Finanzprodukte keine greifbaren Produkte darstellen - dies könnte ein Motiv sein, warum Banken noch zurückhaltend im aktiven Einsatz von Influencer Marketing sind.[35]

Beispiel: Erste Bank

Eine österreichische Bank, die im Vergleich zu anderen Banken schon seit mehreren Jahren gezielt auf Influencer Marketing setzt, um die junge Generation zu erreichen, ist die Erste Bank. Die Bank ist auf allen bekannten Plattformen vertreten wie z.B. Facebook, Instagram, Twitter, Youtube, wobei die erfolgreichste Plattform nach wie vor Facebook ist. Bevor die Bank eine Kooperation mit einem Influencer eingeht, gibt es zwei

---

[34] vgl. Kühner, A. (2019). Influencer stellen Kundennähe her. Bankmagazin, 4, 36-39. http://www.focus.de/finanzen/news/neues-geschaeftsmodell-mode- macher-in-panik-so-mischen-instagram-girls-die-branche-auf_id_6520373.html (Abruf: 5.7.2020) Seite 36.

[35] vgl. Stark zit. nach Bocks, B. (2019). Finanzdienstleiter bauen auf Influencer Marketing. Download unter: https://www.springerprofessional.de/bankstrategie/social-media-marketing/mit-influencern-die-finanzbildung-verbessern/16800182 (Abruf: 12.8.2020)

Grundvoraussetzungen, die erfüllt sein müssen - 1. der Fit und 2. die Reichweite.

Unter dem Fit versteht man, dass der Influencer von seinem Auftritt, seinen Werten und seiner Persönlichkeit zur Bank passt. Die Überprüfung erfolgt durch die Analyse der Accounts sowie für welche Marken der Influencer in den letzten Jahren Content produziert und veröffentlicht hat. Es wird auch kontrolliert, ob der Influencer ein Kunde ist, denn meistens können sich Kunden besser mit den Unternehmen identifizieren als Nicht-Kunden. Der Bank ist der persönliche Austausch mit den Influencern besonders wichtig und auch, dass es sich immer um langfristige Kooperationen handelt – an einzelnen Postings und Kampagnen ist die Bank nicht interessiert.

Tatjana Kreuzmayr, eine österreichische Influencerin, hatte im Jahr 2019 eine Kooperation mit der Erste Bank, um Werbung für die Kreditkarte zu machen. Sie kreiert ihre eigene Story mit Fotos und Beschreibung, um die Kreditkarte in Szene zu setzen. Sie vermittelt dadurch einen gewissen Lifestyle, den man durch eine Kreditkarte haben kann – ein gewisser emotionaler Wert wird der Karte zugeschrieben.

Abbildung 24: Instagram-Account von Tatjana Kreuzmayr[36]

Aktuell liegt der Fokus jedoch nicht auf der Vermarktung von

---

[36] Kreuzmayr, Tamara (2019). Instagram-Account. Download unter: https://www.instagram.com/p/B36Pg32h5wK/?utm_source=ig_web_button_share_sheet (Abruf: 1.8.2023)

Finanzprodukten, sondern auf der Vermittlung der Werte und Ideale - passend zur Kampagne "Glaub an dich".[37] [38]

Resümee und Ausblick

Dass Influencer Marketing funktioniert und bei den jungen Menschen ankommt, haben zahlreiche Studien bestätigt. Österreichs Banken sollten dem Trend folgen und sich dem Influencer Marketing verstärkt widmen - die Grundlage, der Social Media Auftritt, ist bei den meisten Banken bereits gegeben. Ein weiterer positiver Nebeneffekt, der sich durch den Einsatz durch Influencer Marketing ergeben kann, ist, dass dadurch Finanzprodukte den jungen Erwachsenen nähergebracht werden, sie sich dadurch mehr damit beschäftigen und dies einen positiven Einfluss auf das mangelnde Finanzwissen haben kann.

Die Bedeutung von Influencer Marketing wird in Zukunft in allen Bereichen und Branchen immer wichtiger und wird immer mehr Einfluss auf das Verhalten haben, besonders im Kaufentscheidungsprozess junger Erwachsener, speziell Generation Y und Z. Da es aber mittlerweile so viele Influencer gibt, ist es essenziell, einen passenden Influencer zu finden, der glaubwürdig und authentisch wirkt, um die Kunden zu erreichen und im besten Fall für ein Produkt (Finanzprodukt) positiv stimmt.

---

[37] Interview zum Thema Influencer Marketing mit Herrn Lackner, Social Media Manager, in der Erste Bank. (2023)
[38] Erste Bank und Sparkasse (2020). #glaubandich. Download unter: https://www.sparkasse.at/sgruppe/kampagne/glaub-andich (Abruf: 24.7.2023)

Exkurs: Ergebnisse Umfrage der Masterarbeit

Im Rahmen meiner Masterarbeit (Möglichkeiten und Grenzen von Influencer Marketing bei der Vermarktung von Finanzprodukten) wurde eine Umfrage im Sommer 2019 durchgeführt und es haben 302 Teilnehmer:innen zwischen 18-30 Jahren aus der DACH-Region teilgenommen.[39]

- bekannteste Themen, die von Influencer Marketing abgedeckt werden: Food/Ernährung, Sport, Reisen und Mode. Das Thema Finanzen lag an letzter Stelle.

- 30 Prozent der Teilnehmer:innen hatten bereits Erfahrung mit Influencer Marketing im Finanzbereich - die 30 Prozent können sich dadurch erklären lassen, dass auch Personen aus Deutschland mitgemacht haben und in deutschen Banken das Thema zu dem Zeitpunkt der Umfrage etwas präsenter war als hier zu Lande.

- 70 Prozent sind gegen Influencer Marketing in Banken und 30 Prozent dafür.

- Knapp 65 Prozent der Teilnehmer:innen haben schon mindestens ein Influencer-Produkt in den letzten zwei Jahren gekauft.

- Für folgende Finanzprodukte könnten sich die Teilnehmer:innen Influencer Marketing vorstellen: Girokonto mit Bankomatkarte, Kreditkarte, Sparbuch und diverse Versicherungen.

Zusammengefasst lässt sich also sagen, dass Influencer Marke-

---

[39] Walzhofer, Nicole (2020). Masterarbeit: Möglichkeiten und Grenzen von Influencer Marketing bei der Vermarktung von Finanzprodukten.

ting funktioniert, aber noch eine gewisse Skepsis gegenüber dem Einsatz für Bankenprodukte vorhanden ist.

Zur Person:

Nicole Walzhofer *ist seit 2017 als Proposal Managerin bei KPMG Austria tätig.*

Im Rahmen ihrer Masterarbeit im Fach BWL an der Privatuniversität Schloss Seeburg beschäftigte sie sich mit dem Thema „Möglichkeiten und Grenzen von Influencer Marketing bei der Vermarktung von Finanzprodukten".

Im September 2022 wurde der Artikel "From White Collar to Influencer Marketing? How Banks Can Reach Young Customers" von Nicole Walzhofer im "International Journal of Financial Studies" veröffentlicht.

Sustainable Banking

Mario Offenhuber

Green Banking als Instrument der emotionalen Kundenbindung

Häufig ist zu hören, dass sich Gesellschaft und Wirtschaft in einer multiplen Krise befinden. Zumeist wird das Jahr 2008 als Beginn dieser Entwicklung gesehen. Damals platzte in den USA die „Sub-Prime" Blase.

Um das Wachstum mit Immobilienfinanzierungen permanent hoch halten zu können, wurden dort Kredite an Personen vergeben, die sich solche eigentlich nicht oder nur unter optimalen Bedingungen über die Laufzeit leisten können. Um dieses toxische Material aus den eigenen Bilanzen zu entfernen, wurden die Kredite gebündelt, verbrieft, mit Top-Ratings versehen und an Investoren in aller Welt verkauft.

Dann kam der Crash – versinnbildlicht im Zusammenbruch der Investmentbank Lehman Brothers. Und weil zu den Investoren des beschriebenen Sub-Prime Modells auch viele internationale Banken gehörten, verbreitete sich der Schock über den ganzen Globus. Quasi über Nacht waren enorme Bilanzpositionen wertlos. Was folgte ist bekannt: Bankenkrise, Wirtschaftskrise, Eurokrise, Rettung Griechenlands und so weiter. Die Auswirkungen sind bis heute spürbar.

Für die Bankenbranche und deren Kunden war das ein hochemotionales Thema: Nachdem die Kreditinstitute als die Schuldigen für die Misere ausgemacht wurden, sank ihr Image ins Bodenlose. Das betraf alle Banken, nicht nur jene in den USA und auch solche, die mit dem Ankauf verbriefter Sub-Prime Kredite nichts am Hut hatten. Das Vertrauen der Kunden war dahin. Nicht zuletzt, nachdem bekannt wurde, wie respektlos manche Banken ihre Kunden behandelten und betrachteten. Bei Lehman Brothers etwa bezeichnete man im internen Jargon die Käufer der eigenen Zertifikate mit A und D – Alte und Dumme[40].

Das Vertrauen der Kunden in die Branche wurde einer harten Probe unterzogen. Aus dem absoluten Keller konnte man sich zwar wieder etwas hocharbeiten, aber wie der aktuelle OGM/APA-Vertrauensindex zeigt, gibt es immer noch großen Optimierungsbedarf:

[40] Priddat, Birger (2010). Vertrauen als Problem. Anhaltende Finanzkrise? In: Wirtschaftsdienst. Zeitschrift für Wirtschaftspolitik. 90. Jahrgang, 2010. Heft 1. Seite 32.

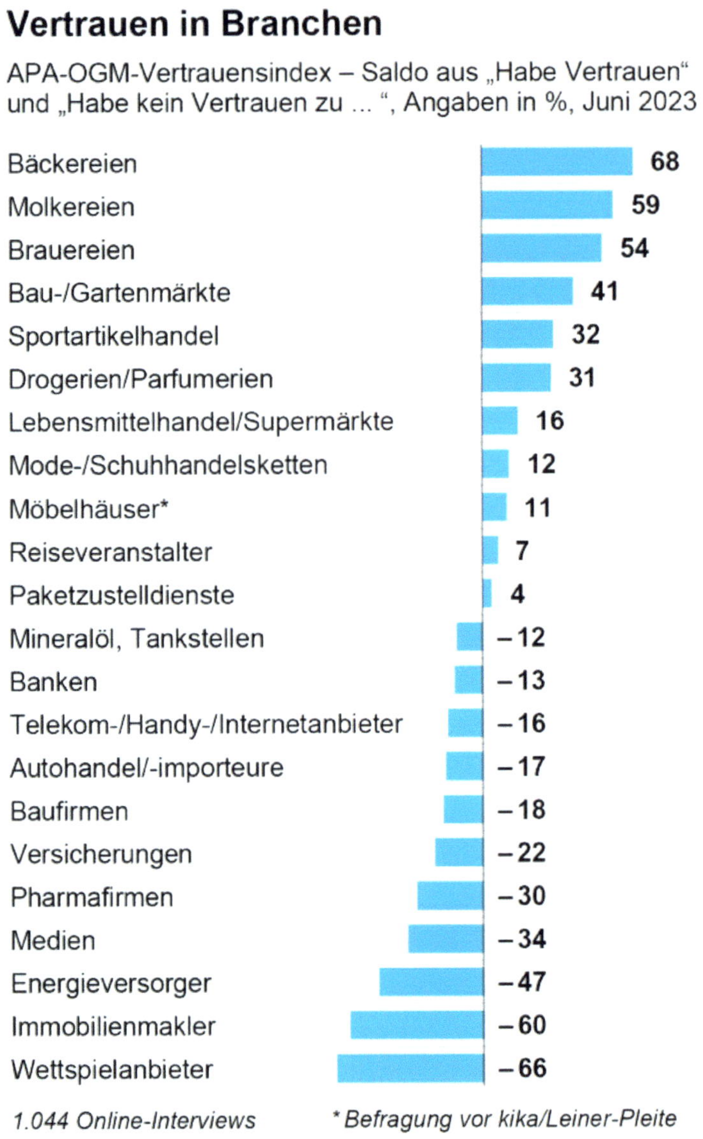

Abbildung 25: Vertrauen der Kunden in die unterschiedlichen Branchen

In den Jahren seither ist das Thema der Nachhaltigkeit bzw. Sustainability zunehmend in den Fokus gerückt. Dieses ist geeignet, das verlorene emotionale Terrain für Banken wieder zurückzugewinnen. Im Vordergrund steht dabei der Kampf gegen den Klimawandel. Die politische Vorgabe innerhalb der Europäischen Union lautet, dass die Wirtschaft bis zum Jahr 2050 zu dekarbonisieren ist. Fossile Brennstoffe sollen bis dahin keine oder eine sehr untergeordnete Rolle spielen.

Formuliert ist das im „Aktionsplan Finanzierung nachhaltigen Wachstums", der in Umsetzung der Pariser Klimaziele von der EU-Kommission am 8. März 2018 veröffentlicht wurde. Dort sind folgende übergeordnete Ziele aufgelistet:

> 1) Kapitalflüsse auf nachhaltige Investitionen umzulenken
>
> 2) klima- und umweltbezogene finanzielle Risiken einzudämmen
>
> 3) Transparenz und Langfristigkeit im Finanz- und Wirtschaftssektor zu fördern

In weiterer Folge wurden grundlegende Rechtsakte erlassen: die „Offenlegungs-Verordnung" (Verordnung (EU) 2019/2088), die „Referenzwerte-Verordnung" oder „Nachhaltigkeitsbenchmark-Verordnung" (Verordnung (EU) 2019/2089) sowie die „Taxonomie-Verordnung" (Verordnung (EU) 2020/852)[41].

Banken kommt dabei als Schnittstelle an den Geld- und Kapitalflüssen eine zentrale Rolle zu und sie sind von dieser Vorgabe dreifach betroffen:

---

[41] vgl. Ruhm, Thomas (2022). Rechtliche Rahmenbedingungen für „Green Banking". In: Mario Offenhuber (Hrsg.): Ökologisierung, Krisen und digitales Geschäft. Wien: MyMorawa. Seite 63.

Zum einen müssen sie die Frage beantworten, was aus den eigenen Investitionen wird, wenn sich die Wirtschaft radikal verändert. Viele Unternehmen generieren ihre Gewinne heute durch Geschäftsmodelle, die nicht klimaneutral sind. Diese müssen bis 2050 angepasst werden. Banken sind in diese Unternehmen über Kredite und Veranlagungen investiert. Sowohl im Asset Management als auch im Ausleihungsbereich bestehen heute mehr oder weniger große CO2-Exposures, die in den kommenden Jahren zurückgefahren werden müssen. Die Kreditinstitute müssen sich die Frage stellen, ob diese Kunden transformierbar sind und ob diese in Zukunft noch profitabel und kreditwürdig sein werden.

Neben diesem Transformationsrisiko haben Politik und Regulatoren erkannt, dass Banken eine enorme Lenkungswirkung im Kampf gegen den Klimawandel haben. Sie entscheiden, welche Branchen und Projekte finanziert werden und welche nicht. Darauf basierend entstehen neue Regularien wie die EU-Taxonomie. Diese zwingen die Geldhäuser, Überlegungen und Prozesse zur Nachhaltigkeit in ihr Geschäftsmodell zu integrieren.

Der dritte Aspekt ist jener der Positionierung. Es entsteht gerade ein neuer „Purpose" für Banken: die Branche als zentrales Element der Klimarettung. Eine Chance, sich vom Mitbewerb abzuheben und positive Emotionen und Vertrauen bei den Kunden (wieder) aufzubauen. Die Nachfrage nach nachhaltigen Bankdienstleistungen steigt seit Jahren deutlich und es ist kein Ende dieses Trends abzusehen. Viele Kunden wollen, dass ihr Geld „positive Wirkung" entfaltet.[42]

> *„Erkennbar tangiert dies sowohl die Bestandskunden als auch mögliche Neukunden, die gewonnen werden sollen. Gerade bei potenziellen jungen Kunden dürfte*

[42] Offenhuber, Mario (2022): Green Banking: Versuch einer Einordnung. In: Mario Offenhuber (Hrsg.) (2022): Ökologisierung, Krisen und digitales Geschäft. Wien: myMorawa. Seite 11.

dieser Aspekt hohe Relevanz aufweisen. Mögliche Maßnahmen, um die Strategie zu untermauern, könnten die Umstellung des Fuhrparks auf Elektroautos, die Erweiterung von Dachflächen mit Fotovoltaik und die öffentlichkeitswirksame Erläuterung der bankeigenen Strategien zu allen ESG-Bereichen sein. Ansonsten müssen die Institute die Abwanderung von Stammkunden und auch massive Nachteile beim Jugendmarkt befürchten."

Wimmer, Konrad (2022), Seite 44[43]

Die große Chance der Banken besteht darin, sich neu zu positionieren, sich von der Konkurrenz deutlich abzuheben. In einer Branche, die sich durch eine sehr hohe Austauschbarkeit ihrer Produkte auszeichnet, stellt das eine seltene Gelegenheit dar. Nachhaltigkeit nur als regulatorische Pflicht zu betrachten, käme einer Chancenvergeudung gleich. Damit verabsäumt man, auch Pluspunkte bei den Kunden zu sammeln.

Das mögliche Spektrum an Ausformungen ist dabei breit. Das kann auf der einen Seite so aussehen, dass man im Außenauftritt und im Produktportfolio ein paar grüne Pinselstriche setzt. Auf der anderen Seite können Banken dazu übergehen, nur mehr Geschäft nach definierten ESG-Standards zu machen. Es gibt etwa in Deutschland einige reine Öko-Banken. In Österreich ist das nicht der Fall.

Geht es darum, das Thema auf seine Bedeutung für Marketing- und Public Relations zu reduzieren, besteht allerdings die Gefahr, in den Verdacht zu geraten, Green Washing zu betreiben. Dass das nicht weit hergeholt ist, zeigt die Studie "Glossy Green Banks: The Disconnect Between Environmental Disclosures and Lending Acti-

[43] Wimmer, Konrad (2022): Sustainable Banking. Die Rolle der Banken bei der Transformation der Gesellschaft hin zu mehr Nachhaltigkeit – wo stehen die Banken 2022? Stuttgart: Fraunhofer-Institut für Bauphysik, msg GillardonBSM AG.

vities" von Giannetti et al.[44] Darin wird dargelegt, dass vor allem jene Banken, die ihre Aktivitäten in den eigenen Nachhaltigkeitsberichten in den höchsten Tönen loben, am wenigsten Ehrgeiz in der notwendigen Anpassung ihrer Kreditvergabe zeigen. Von diesen Häusern werden nach wie vor „braune" Industrien finanziert, ohne erkennbare Anstrengungen, diese in Richtung Nachhaltigkeit und Klimaneutralität zu transformieren.

> *„Our results suggest that the discrepancies between banks environmental disclosures and lending policies emerge because banks are reluctant to discontinue established credit relationships with brown borrowers. […] This evidence is consistent with the interpretation that high environmental reporters renew loans to obsolete brown borrowers to avoid realizing credit losses, which would pressure them to disclose and discuss their financing relationships with these industries."*
>
> Giannetti et al. (2023), Seite 26-27[45]

In diesem Kontext wird Green Washing von Banken gezielt als PR-Strategie eingesetzt. Das zeigt sich auch daran, dass die untersuchten Nachhaltigkeitsberichte keine Transparenz im Sinne der Mittelverwendung und Kreditvergabe herstellten.

---

[44] vgl. Giannetti, Mariassunta et al. (2023): "Glossy Green" Banks: The Disconnect Between Environmental Disclosures and Lending Activities. https://www.bankingsupervision.europa.eu/press/conferences/shared/pdf/20230502_research_conference/Giannetti_paper.pdf

[45] vgl. ebd.

> *„Overall, these findings suggest that relationships with "zombie" brown borrowers help to explain why high environmental reporters hide their brown exposure and overstate their environmental objectives at the detriment of the long-term carbon footprint of their loan portfolios."*
>
> Giannetti et al. (2023), Seite 28[46]

Vor der Praxis, eine echte Nachhaltigkeitsstrategie, überprüfbare Standards und Aktivitäten durch Public Relations Maßnahmen zu ersetzen, sei ausdrücklich gewarnt. Kunden erkennen das Missverhältnis zwischen Gesagtem und echter Tat[47]. Außerdem setzen sich die Institute einem unkalkulierbaren Transformationsrisiko aus, wenn sie ihre Strategien hinsichtlich Kreditvergabe und Investitionen nicht an die politische Realität der bevorstehenden Dekarbonisierung anpassen.

Positive Gegenbeispiele sind zweifellos die klassischen Nachhaltigkeitsbanken – wie etwa die GLS Bank oder die EthikBank. Dort muss man als Kunde nicht lange suchen, um geschäftspolitische Strategie oder Transparenz und Nachweis der Mittelverwendung zu finden.

---

[46] vgl. Giannetti, Mariassunta et al. (2023): "Glossy Green" Banks: The Disconnect Between Environmental Disclosures and Lending Activities. https://www.bankingsupervision.europa.eu/press/conferences/shared/pdf/20230502_research_conference/Giannetti_paper.pdf

[47] vgl. Offenhuber, Mario (2022): Green Banking: Versuch einer Einordnung. In: Mario Offenhuber (Hrsg.) (2022): Ökologisierung, Krisen und digitales Geschäft. Wien: myMorawa. Seite 29-30.

Erwartbar ist – so wie beim Thema der Digitalisierung – dass früher oder später jedes Kreditinstitut auf den fahrenden „Green Banking Zug" aufspringen wird. Von daher werden jene Häuser einen Startvorteil haben, die sich frühzeitig und konsequent in diesem Segment positionieren. Banken, bei denen das „grüne Versprechen" mit der Realität des tatsächlichen Handelns mithalten kann.

> *„Corporate environmental management and sustainability are fields where organizations and business, including banks, can differentiate in the market and increase their competitiveness."*
>
> Stauropoulou, Athanasia et al. (2023), Seite 13495[48]

Als Beleg dafür, dass eine strategische Ausrichtung am Nachhaltigkeitsthema erfolgsversprechend ist, werden häufig Daten zur stark steigenden Nachfrage nach nachhaltigen Bankprodukten herangezogen. So weist etwa der FNG-Marktbericht für das Jahr 2023 ein anhaltendes Wachstum nachhaltiger Geldanlagen in Österreich aus:

---

[48] Stauropoulou, Athanasia et al. (2023): The role of customers' awareness towards the sustainable development goals (SDGs) of banks on their behavior. In: Environmental Science and Pollution Research (2023) 30. https://doi.org/10.1007/s11356-022-23111-8

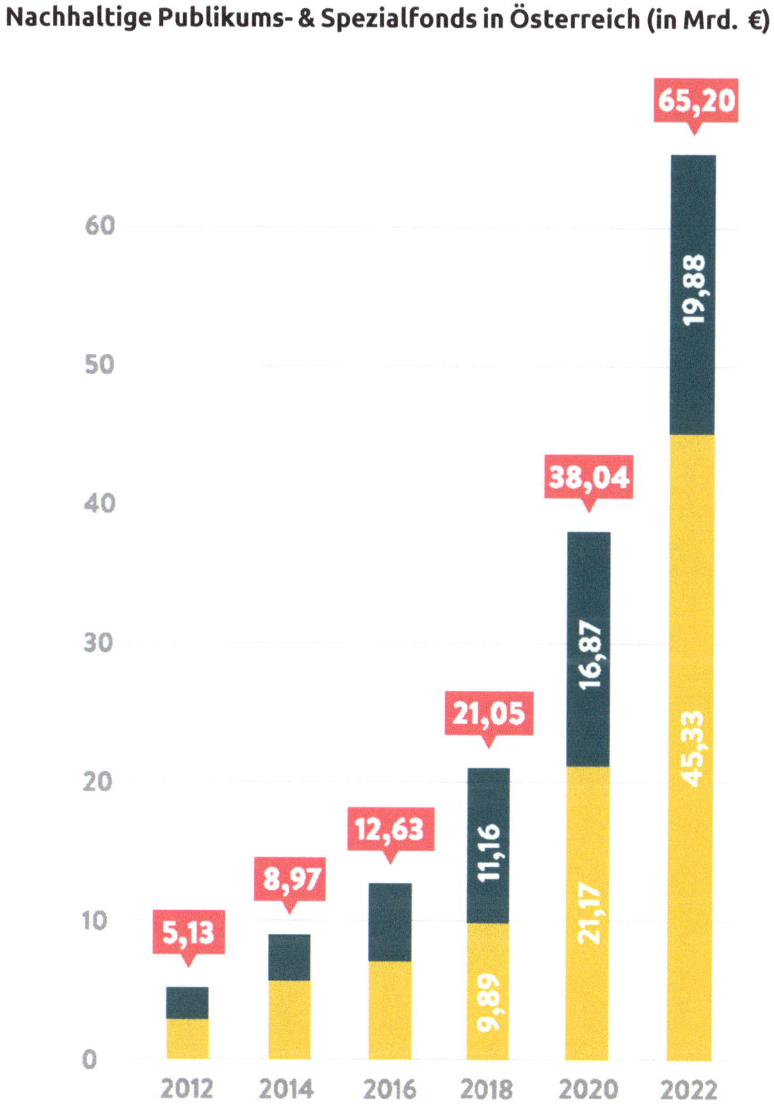

Abbildung 26: Entwicklung der Publikums- (in gelb) und Spezialfonds (in grün) zwischen 2012 und 2022 (Quelle: Forum Nachhaltige Geldanlagen e.V.)

Daneben zeigt eine aktuelle Studie griechischer Wissenschaftler den außerordentlich großen emotionalen Wert, den das Thema ESG für Kunden im Umgang mit ihrer Bank einnimmt. Stauropoulou et al. stellten eine Reihe von Hypothesen auf[49], was die Wirkung von Nachhaltigkeitsaktivitäten[50] von Banken auf deren Kunden betrifft. Dabei wurde angenommen, dass sich eine aktive ESG-Strategie auf das Image der Bank, auf die Kundenloyalität, den wahrgenommenen fairen Preis einer Dienstleistung, die Zufriedenheit und das Vertrauen positiv auswirkt.

Die Befragung von über 1.000 Kunden bestätigte diese Beziehungen mit jeweils hoher statistischer Signifikanz – mit einer Ausnahme: Die Nachhaltigkeitsaktivitäten einer Bank haben demnach keine Auswirkung auf die Kundenzufriedenheit. Sehr wohl aber für alle anderen untersuchten Faktoren und für die Stärkung der emotionalen Bindung zur Bank, wenn diese nachhaltig handelt und wirtschaftet:

---

[49] vgl. Stauropoulou, Athanasia et al. (2023): The role of customers' awareness towards the sustainable development goals (SDGs) of banks on their behavior. In: Environmental Science and Pollution Research (2023) 30. https://doi.org/10.1007/s11356-022-23111-8

[50] In der Studie wurde das weiter gefasste Konzept der 17 Sustainable Development Goals (SDGs) verwendet.

The awareness of customers regarding the SDG practices of banks has a positive effect on...

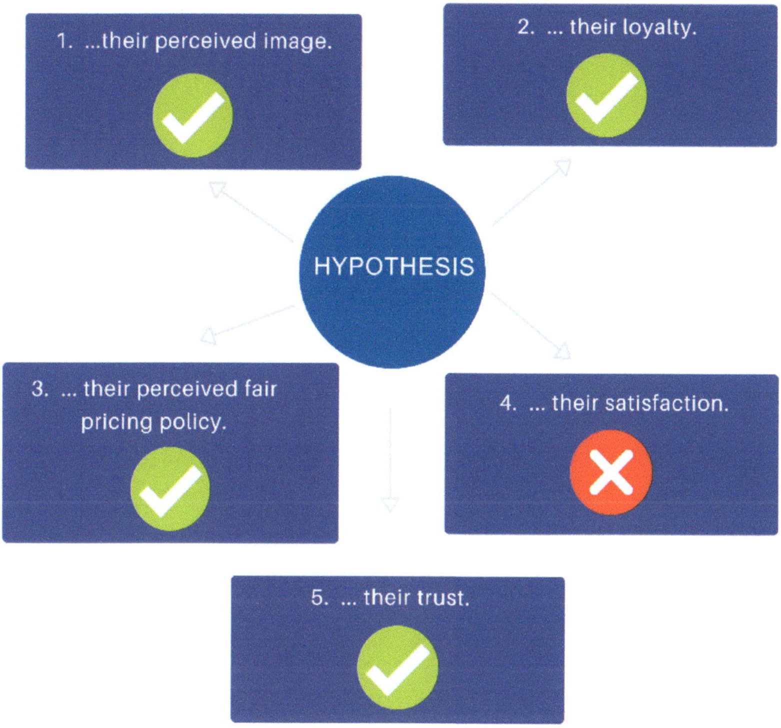

Abbildung 27: Ergebnis der Hypothesen-Überprüfung nach Stauropoulou et al. (2023)

„Usually there is a lack of emotional commitment between banks and their customers. Findings of this paper show that customer loyalty is therefore positively influenced by the SDGs of banks."

Stauropoulou et al. (2023), Seite 13503[51]

Interessant ist diese positive Wirkung von grünem Bankgeschäft auf die emotionale Bindung der Kunden zum Kreditinstitut auch deshalb, weil die demographischen Details zur Stichprobe der Studie den Schluss zulassen, dass vor allem Kunden mit hohen Bildungsabschlüssen – die in aller Regel die ertragreicheren Bankkunden sind – großen Wert auf die nachhaltige Ausrichtung ihrer Bank legen.

Tue Gutes, sprich darüber und vermeide Green Washing

Vertrauen gilt als die harte Währung des Bankgeschäfts, und Kunden vertrauen eher Banken, die ökologisch und sozial verantwortungsvoll handeln. Das funktioniert allerdings nur, wenn die Kreditinstitute das auch entsprechend kommunizieren und typische Missverständnisse beiseiteschieben.

Was zunächst formuliert und implementiert werden muss, ist eine ESG-Strategie, um zumindest darzulegen, wie das Ziel der Dekarbonisierung bis 2050 zu erreichen ist. Dazu bieten sich folgende Ansätze an:

---

[51] Stauropoulou, Athanasia et al. (2023): The role of customers' awareness towards the sustainable development goals (SDGs) of banks on their behavior. In: Environmental Science and Pollution Research (2023) 30. https://doi.org/10.1007/s11356-022-23111-8

1. Ausschlüsse: keine Investitionen, Kreditvergaben oder definierte Limite für stark risikobehaftete Branchen / Geschäftsmodelle

2. Divestment: geordnete Umschichtung von Vermögenswerten, die mit Klima- und anderen ESG-Risiken verbunden sind

3. Best-in-Class Ansatz: Identifikation der ESG-Vorreiter innerhalb der einzelnen Sektoren und gezielte Investition in diese

4. Positivlisten: Stellt den gegenteiligen Ansatz von Ausschlüssen dar. Investiert wird dort, wo gewisse Standards zumindest erreicht werden.

5. Engagement: Transformation, indem man als Kreditgeber / Investor einen konstruktiven Dialog mit Kreditnehmern bzw. Investitionszielen sucht; dazu gehört auch die aktive Wahrnehmung von Aktionärsrechten

Klar ist, dass nicht von heute auf morgen sämtliche Engagements der Banken in typischerweise nachhaltige Branchen und Unternehmen fließen können. Nach wie vor benötigen auch Unternehmen mit schlechtem ökologischem Fußabdruck und hohen CO_2-Emissionen frisches Kapital. Als Kreditinstitut muss man allerdings – im Sinne des beschriebenen Transformationsprozesses – gemeinsam mit dem Kunden einen Weg definieren, wie das Ziel der Klimaneutralität zu erreichen ist.

Darin liegt für die Bankenbranche im Übrigen auch eine größere Ertragschance als bei der ausschließlichen Konzentration auf „grüne" Wirtschaftszweige. Unternehmen, die zur Erreichung einer CO_2-Neutralität Investitionsbedarf haben, bieten ein beträchtliches Finanzierungspotenzial.

Diese Potenzialkunden sind zu identifizieren und anzusprechen, wenn künftig in regelmäßigen Abständen nicht nur Bilanzen und Geschäftserfolg zu analysieren sind, sondern auch die Nachhaltigkeitsbilanz. Das sind Chancen, Transformationserfordernisse aufzuzeigen und mit innovativen Produkten und Angeboten diesen Weg zu unterstützen.

Ist die Strategie fixiert, gilt es, diese der Zielgruppe zu vermitteln. Dabei geht es weniger um klassisches Marketing, sondern mehr um klare Erläuterung. Die Kunden müssen verstehen, was die Bank im Sinne der Nachhaltigkeit vorhat, damit keine Differenzen mir der eigenen Vorstellung von Nachhaltigkeit entstehen und kein Green Washing Verdacht aufkommt.

> *„Communication of sustainable responsible practices plays a critical role in reducing asymmetric information between organizations and customers about their progress in sustainability issues."*
>
> Stauropoulou et al. (2023), Seite 13497[52]

Eine solche asymmetrische Information stellt etwa die weitverbreitete Unsicherheit, was private Anleger unter nachhaltige Investments verstehen und was sie von diesen Produkten erwarten, dar[53].

> *„Die Konsument:innen erwarten sich richtig ‚grüne' Unternehmen in ihrem Portfolio. Sie glauben auch, dass nachhaltige Fonds ausschließlich in diese grünen*

---

[52] Stauropoulou, Athanasia et al. (2023): The role of customers' awareness towards the sustainable development goals (SDGs) of banks on their behavior. In: Environmental Science and Pollution Research (2023) 30. https://doi.org/10.1007/s11356-022-23111-8

[53] vgl. Ritsch, Herbert und Christian Prantner (2022): Nachhaltige Finanzprodukte. Wien: Kammer für Arbeiter und Angestellte für Wien.

Unternehmen investieren. Da die meisten jedoch keinen Bezug zu großen börsennotierten Konzernen haben, sind Bilder von Vorzeigeunternehmen im Kopf […].

Tatsache ist jedoch, dass Nachhaltigkeitsfonds große internationale Konzerne beinhalten, die die Konsument:innen nicht unmittelbar mit Nachhaltigkeit in Verbindung bringen (zum Beispiel Microsoft, Amazon, Apple). Diese Unternehmen erfüllen Nachhaltigkeitskriterien, sonst wären sie nicht im Nachhaltigkeit-Anlageuniversum für das Fondsmanagement gelistet. Es ist jedoch für die Konsument:innen nicht unmittelbar nachvollziehbar, warum diese Unternehmen in den nachhaltigen Fonds gelistet werden."

Ritsch, Herbert und Christian Prantner (2022), Seite 45[54]

Eine Kombination aus mangelnder Kommunikation und / oder schlechter Beratung kann in diesem Zusammenhang leicht zum Vorwurf des „Green Washings" führen. Es führt daher kein Weg vorbei am Postulat der Transparenz. Kunden muss leicht verständlich und zugänglich erklärt werden, was man als Bank im Sinne der Nachhaltigkeit macht und was eben nicht, wohin die Mittel, die aus Einlagen lukriert werden, fließen und welche Strategien es zum Abbau der Financed Emissions gibt.

Darunter ist jene Menge an CO2-Emissionen gemeint, die ein Kreditinstitut über Ausleihungen und Investitionen finanziert. Eine Größenordnung die bis 2050 gegen Null tendieren muss. Das geschriebene Wort muss stringent zu den Aktivitäten einer Bank sein

[54] Ritsch, Herbert und Christian Prantner (2022): Nachhaltige Finanzprodukte. Wien: Kammer für Arbeiter und Angestellte für Wien.

und nicht bloße oder mehrheitliche PR, die negative Fakten oder Dinge, die verbesserungswürdig sind, ausklammert.

Diese Kombination stellt die Chance auf eine echte emotionale Bindung zum Kunden dar. Im Gegensatz dazu impliziert die bloße Konzentration auf PR-Maßnahmen – um nicht das Wort Green Washing zu verwenden – die ständige Gefahr des nachhaltigen Vertrauensverlustes.

Zur Person:

Mario Offenhuber *hat fast zwei Jahrzehnte in der Bankenbranche verbracht, das Geschäft von „der Pike auf" gelernt und diverse Managementpositionen bekleidet.*

Er hat an den Universitäten Salzburg, Krems und der TU Wien studiert – Politikwissenschaft, Wirtschaft und Kommunikationswissenschaft.

2014 hat er die Beratungsgesellschaft RIM Management KG gegründet. Seither unterstützt er Unternehmen – vorwiegend aus der Bankenbranche – in allen denkbaren strategischen wie operativen Bereichen.

Im Jahr darauf wurde das Banken-Symposium Wachau aus der Taufe gehoben. Dabei trifft sich die Branche regelmäßig am Göttweiger Berg, genießt den Blick ins Tal und beschäftigt sich mit ihrer eigenen Zukunft.

Der Wahl-Wachauer kommt aus Oberösterreich, steht für „machen und tun" und die Richtung ist stets „vorwärts und über den Tellerrand".

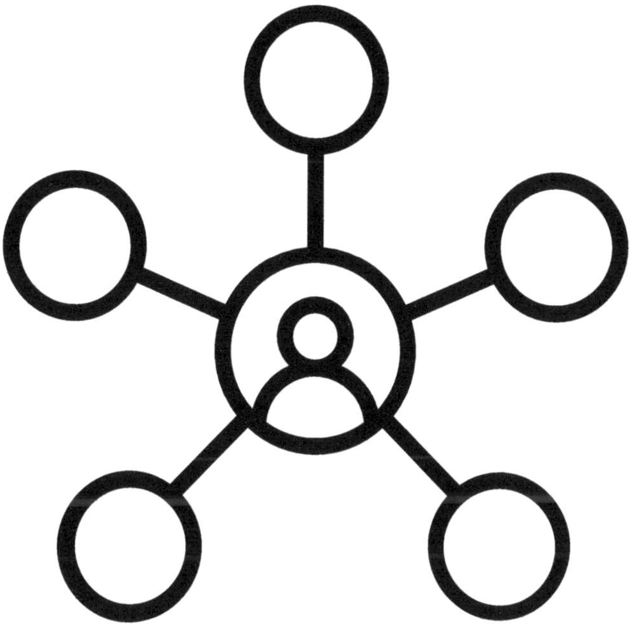

Beyond Banking

Binjamin Sancar & Christoph Seiser

Quo Vadis Beyond Banking- Zinswende & Relevanz regionaler Beyond Banking Ökosysteme

Die Zinswende wirft die Frage auf, ob Geschäftsmodellinnovationen noch einen Stellenwert haben oder Banken sich auf ihrem Kerngeschäft ausruhen können. Nachhaltige Chancen aus Beyond Banking sind mit einem Blick auf die Kapitalmarktabhängigkeiten erkennbar.

Innovationen entstehen oft aus einem Bedarf heraus, der groß genug ist, um neue Ideen und Lösungsansätze hervorzubringen.

Besonders das anhaltende Niedrigzinsumfeld und die voranschreitende Digitalisierung wirkten als Beschleuniger für eine Vielzahl von Innovationsvorhaben im Bankensektor.

Aus diesem Grund hat das Konzept von Beyond Banking Ökosystemen Eingang in die Strategieagenda von Regionalbanken gefunden. Diese Geschäftsmodellinnovation bietet durch Chancen wie Alltagsrelevanz, Datengewinnung, Mehrwerte und Dienstleistungserträge eine nachhaltige Unterstützung für eine erfolgreiche Zukunft von Regionalbanken.

Erweiterung durch regionales Beyond Banking

Das regionale Beyond Banking Ökosystem ist ein Geschäftsmodell, welches das traditionelle Leistungsportfolio (Banking) um banknahe und bankfremde Leistungen (Beyond Banking) erweitert:

- Banking umfasst das klassische Kernbankgeschäft, das aus dem Zahlungsverkehr-, Einlagen-, Kredit- und Geldmarktgeschäft besteht und eine Banklizenz erfordert.

- Banknahe Leistungen hingegen beziehen sich auf Geschäfte mit einem Finanzbezug, wie zum Beispiel Versicherungs- und Immobiliengeschäfte.

- Beyond Banking bezeichnet Geschäfte, die darüber hinaus gehen.

Das Beyond Banking Ökosystem ist eine langfristig orientierte Infrastruktur, welche den Wirtschaftsraum für Unternehmen und Lebensraum für Menschen abbildet.

Ein Beispiel für ein Beyond Banking Ökosystem ist die in Oberösterreich entstehende Lösung finde-R (finde-Regionales). Im Zielbild aggregiert und verknüpft finde-R die regionalen Unternehmen, Kunden, Produkte und Services zu einem Ökosystem. Die gesamte Interaktion von Informationen, Anfrage-, Kauf- und Zahlungsprozess wird über finde-R abgewickelt. Die Akteure verlassen dabei nie die Plattform, sodass Transaktionen, Daten und Erträge im Ökosystem verbleiben.

Instabile Ergebnisverbesserungen im Core Banking

Zweifellos stellt der Zinsertrag für Banken nach wie vor die bedeutendste Ertragsquelle dar. Dieser ist maßgeblich von den Refinanzierungskosten abhängig. Die zentralen Refinanzierungsoptionen sind:

- Ersteinlagen,

- kurzfristige Interbankenrefinanzierungen,

- alternative, langfristige Refinanzierungen am Interbankenmarkt ,

- langfristig am Kapitalmarkt. (Für kleinere Institute ist eine Refinanzierung über den Kapitalmarkt oft nicht kostendeckend und somit schwer realisierbar.)

Zinswende kein automatischer Ergebnisbooster

Nach einer langen Phase niedriger Zinsen ist nun die anhaltende Inflation der Auslöser für eine Zinswende. In Anbetracht steigender Zinsen stellt sich die Frage, ob für Banken eine Rückkehr zu „guten alten Zeiten" mit ausreichend Erträgen aus dem Kernbankgeschäft denkbar ist und welchen Stellenwert die zuvor entstandenen Innovationsprojekte noch einnehmen.

Das Core Banking ist ständig Marktrisiken, z. B. Zinsänderungs-, Liquiditäts- und Bonitätsrisiken ausgesetzt. Diese können je nach Marktbewegung zu einem höheren Eigenkapitalbedarf, Asset-Abwertungen oder zu Ausfallrisiken führen.

Die Zinskurve spielt dabei eine zentrale Rolle. Anhand der Abbildung zeigt sich der jüngste sehr starke Zinsanstieg im Geldmarkt und stark steigende Kapitalmarktzinsen. Die Verflachung der Zinskurve (invers) hat zusätzlich ein negatives Fristentransformationsergebnis zur Folge. Einige Banken sind aufgrund ihrer Struktur vorübergehend begünstigt, während andere an Herausforderungen stoßen.

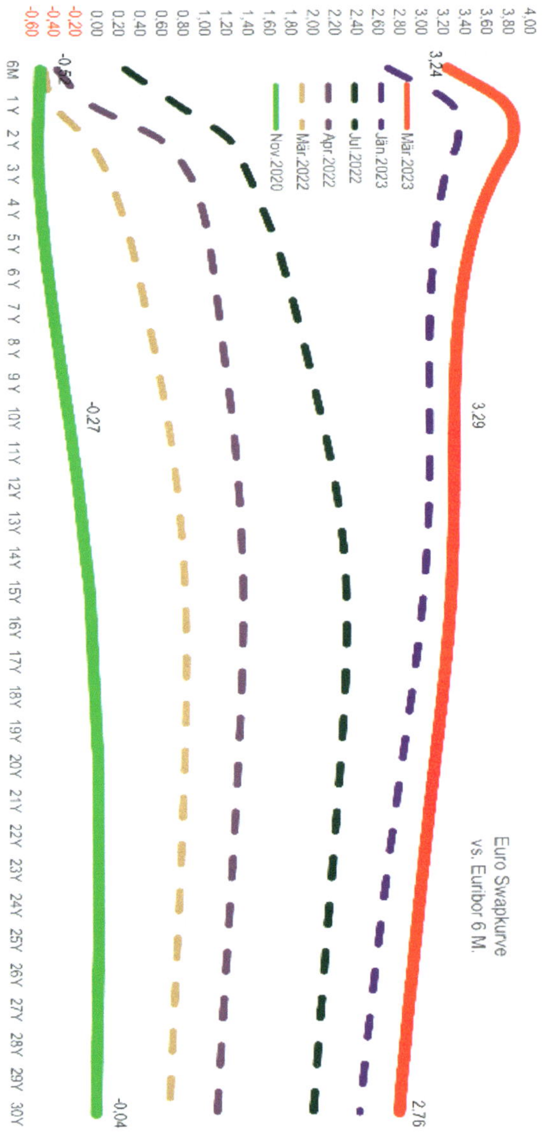

Abbildung 28: Einfluss der Laufzeit auf die Zinskurve

Die längeren Laufzeiten werden mit einem niedrigeren Zins als die kurzen Laufzeiten vergütet. Die Zinskurve ist invertiert (inverse Zinskurve). Sparzinsen steigen mit Verzögerung und führen vorübergehend zu einem Vorteil.

Durch steigende Zinsen begünstigte Banken

Banken mit einem hohen Anteil an Ersteinlagen weisen sehr oft eine geringe Zinssensitivität auf. In der Niedrigzinsphase führte die geringe Empfindlichkeit in diesem Bereich zu niedrigen Margen auf der Passivseite und hat den Banken deutlich geschadet.

Mit der Zinswende kann sich dies jedoch vorübergehend zu einem Vorteil entwickeln. Banken profitieren insbesondere, solange das Einlagengeschäft noch nicht an das neue Zinsumfeld angepasst ist. Allerdings sind diese Erträge lediglich auf die aktuellen Marktbedingungen und die schnelle Zinsbewegung zurückzuführen und somit nur ein temporäres Phänomen ohne eine langfristige Bindung.

Durch steigende Zinsen herausgeforderte Banken

Steigende Zinssätze können nicht generell als vorteilhaft angesehen werden. Die stark rückläufigen Fristentransformationsergebnisse werden durch höhere Margen aus den steigenden EURIBOR-Sätzen auf der Aktivseite überlagert. Die Unvorhersehbarkeit und Volatilität am Kapitalmarkt sind jedoch, wie sich aktuell abzeichnet, stets ein hohes Risiko. Banken, die Fixzinskredite an Kunden vergeben haben und solche mit hohen fix verzinsten Wertpapierbeständen auf der Aktivseite haben eine hohe Zinssensitivität und müssen aufgrund der schnellen Zinsbewegungen ihre Vermögenswerte deutlich abwerten.

Fix verzinste Kredite und Anleihen, die zum Teil in einer Tiefzinsphase zur Zinsfristentransformation aufgebaut wurden, wirken sich nun negativ auf das laufende Zinsergebnis aus. In der gegenwärtigen inversen Zinslandschaft ist diese Art der Transformation nicht mehr realisierbar. Betroffen sind auch Banken, die ihr Portfolio auf der Passivseite direkt an den EURIBOR gebunden haben.

Beyond Banking als kapitalmarktunabhängiger Geschäftszweig

Insgesamt zeigt sich, dass Zinsentwicklungen zahlreiche Auswirkungen auf den Finanzsektor haben. Beyond Banking kann hier helfen, einen kapitalmarktunabhängigen Geschäftszweig aufzubauen, welcher stabile zusätzliche Provisionserträge generiert. Diese Erträge belasten nicht das Eigenkapital der Bank. Gleichzeitig führen sie zu einem besseren Ergebnis und erhöhen die Eigenkapitalausstattung, wodurch Banken wiederum weitere Kredite verleihen und mehr Zinserträge mit Core Banking generieren können.

Zusätzliche Erlösströme, die unabhängig von der Zinslage oder anderen Marktrisiken sind, haben somit einen positiven Effekt auf die Ertragsstrategie. Das Beyond Banking Ökosystem ist eine Chance, diese Erlösströme zu erschließen.

Wandel im Bankvertrieb

Der klassische Bankvertrieb steht vor großen Herausforderungen, denn sowohl das Berater- als auch das Kundenverhalten haben sich geändert.

Zugangswege und Kontextualisierung von Core Banking

Regionalbanken sind gefordert, überhaupt erst mal in das „Relevant Set", also in die Produktauswahl des Kunden zu gelangen. Das war früher noch einfacher, als Kunden mit ihrem Anliegen in die Bankstelle kamen. In Zeiten fortschreitender Digitalisierung haben Wettbewerber begonnen, bereits frühzeitig im Kontext von Kundenbedürfnissen maßgeschneiderte Finanzlösungen anzubieten.

Als Konsequenz sollten Banken ihre Online-Präsenz intensivieren und ihre Aktivitäten auf jene Plattformen fokussieren, auf denen sich die Kunden bevorzugt aufhalten. Eine erstklassige Kundenbetreuung impliziert hierbei eine umfassende Begleitung durch das Bankinstitut über die gesamte Kundenreise hinweg – von der Vorabinformation über das Bankgeschäft bis hin zur Nachbetreuung. Durch eine konsequent umgesetzte Strategie können Banken eine starke Marktposition einnehmen und eine loyale Kundenbasis aufbauen.

Steigende Preissensibilität der Kunden

In Anbetracht des lang anhaltenden Negativzinsumfeldes müssen insbesondere junge Bankberater den Vertrieb von Krediten mit höheren Zinssätzen (neu) erlernen. Für die neue Generation stellt dies eine unvertraute Situation dar. Ebenso sind junge Kunden nicht daran gewöhnt, hohe Zinssätze zu zahlen. Zudem gestaltet sich die Darstellung eines emotionalen Erlebnisses im Rahmen von Core Banking als herausfordernd.

Diese Gegebenheiten spiegeln sich in der Preissensibilität der Kunden wider. Der transparente Onlinemarkt und die Vergleichbarkeit der Produkte erschweren die Vertriebsbemühungen zusätzlich. Ohne ein herausragendes Alleinstellungsmerkmal wird der Vertrieb allein auf Basis des reinen Finanzproduktes zu einer Herausforderung.

Bankkunden verlangen nach Werten

Bedeutende historische Ereignisse wie die Corona-Pandemie, die Fridays for Future-Bewegung, der Klimawandel und Kriege haben das Bewusstsein für Werte bei den Menschen gestärkt. Kunden suchen vermehrt regionale und nachhaltige Lösungen, welche jedoch gleichzeitig ihren Ansprüchen an Mehrwerten in den Bereichen Preisersparnis, Zeitersparnis und Komfort gerecht werden müssen, um bevorzugt zu werden.

Daher benötigen Regionalbanken neben ihren etablierten Werten wie Regionalität und Kundennähe auch zusätzliche Mehrwerte, um wettbewerbsfähig zu bleiben. Durch die Erfüllung dieser Kundenanforderungen können Regionalbanken ihre Position im Markt behaupten und ihre Kundenbasis erweitern.

Beyond Banking als Mehrwert und Alleinstellungsmerkmal

Regionalbanken können den Herausforderungen des sich stetig wandelnden Marktes erfolgreich begegnen, indem sie ein „Beyond Banking Ökosystem" aufbauen. Dieses Ökosystem verbindet Menschen und Unternehmen in der Region durch einen einfachen Zugang zum Netzwerk der Bank. Kunden erhalten somit für alle Lebenssituationen und Bedürfnisse die besten regionalen Lösungen.

Regionalbanken sind prädestiniert, dieses Ökosystem basierend auf ihrer starken regionalen Verwurzelung und intensiven Kundenbeziehung umzusetzen. Darüber ist das Ökosystem ein Instrument für Berater, um alle Menschen und Unternehmen (auch Nichtkunden) zu akquirieren. Dabei sind sie durch dieses Alleinstellungsmerkmal nicht vergleichbar und müssen in der Erstakquisition kaum Preisdiskussionen führen.

Die Bank generiert dadurch zusätzliche Kundenkontakte und kann Kundenreisen ganzheitlich in verschiedenen Lebensbereichen begleiten. Das Core Banking wird kontextualisiert und in die Kundenreisen integriert. Damit erreicht die Bank den Kunden frühzeitig in seinen Vorhaben und bindet ihn langfristig.

Ein breit aufgestelltes Beyond Banking Ökosystem, das möglichst viele Lebensbereiche abdeckt, schafft Alltagsrelevanz durch die Weiterentwicklung vom finanziellen zum generellen Alltagsversorger und fördert die emotionale Bindung zur Bank.

Beispiel Lebenswelt Bauen und Wohnen

Anhand der Lebenswelt Bauen und Wohnen wird die klassische Core Banking Kundenreise im Vergleich zu einer Beyond Banking Kundenreise dargestellt, um zu veranschaulichen, wie Banken ihr regionales Netzwerk nutzen können, um ihre Touchpoints bei Kunden auszubauen.

In den Abbildungen wird die Kundenreise „Bauen" im traditionellen Core Banking mit der kundenorientierten Beyond Banking Strategie verglichen, um den Mehrwert eines regionalen Netzwerks zu verdeutlichen.

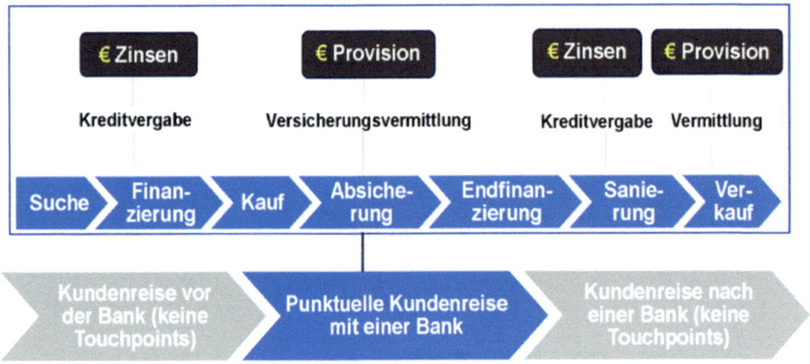

Abbildung 29: Kundenreise „Bauen“ im traditionellen Banking (Quelle: Raiffeisen OÖ Ventures)

Die Kundenreise „Bauen“ beginnt bereits vor dem ersten Kontakt mit der Bank und endet nicht mit der Bankberatung. Großes unberührtes Potential liegt vor und nach der Kundenreise mit der Bank.

Kundenreise „Bauen“ im Beyond Banking – Teil I

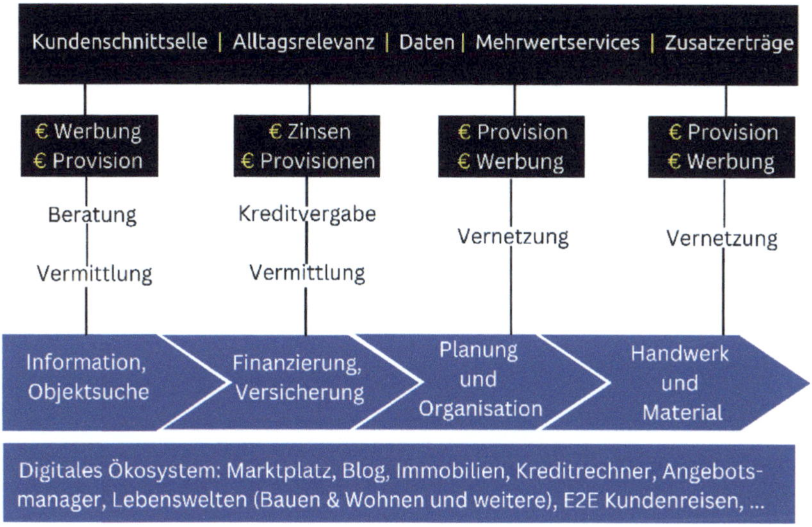

Informieren, inspirieren	Finanzierung abschließen	Notariell beurkunden	Angebote der Handwerker verwalten
Bedarf ermitteln	Versicherungen abschließen	Architekt beauftragen	...
Baukosten und Baubudget ermitteln	Bauherren-versicherung	Statiker beauftragen	
Bonität ermitteln	Baukonto eröffnen	Bauantrag einreichen	
Objekte finden und anfragen	Energievertrag abschließen	Werkplanung beauftragen	
...	...	...	

Kundenreise „Bauen" im Beyond Banking – Teil II

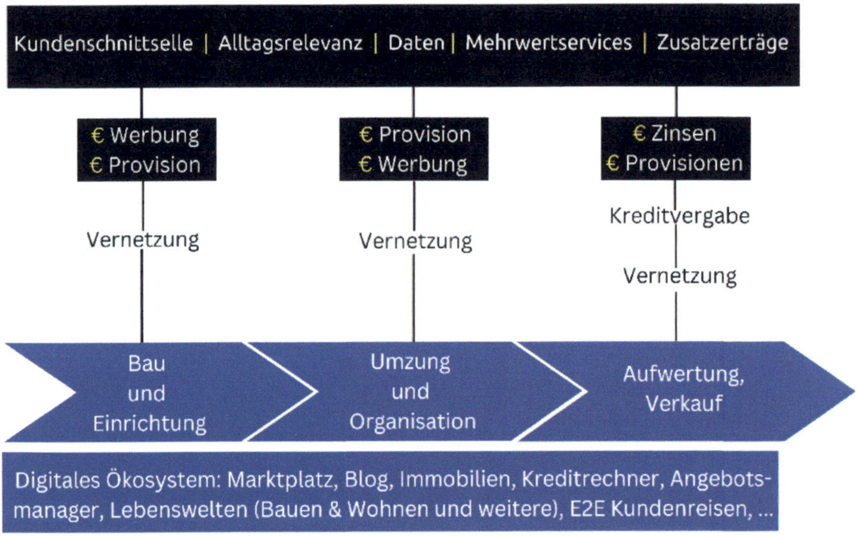

Rohbau	Umzugs-planung	Anschluss-finanzierung
Innenausbau und Handwerk	Behördengänge	Modernisierung, Anbau, Pool
Küche einbauen	Neue Adresse melden	Sanierung, Renovierung
Bad, Wohnung u.v.m. einrichten	Wartung & Instandhaltung	Gartenservice, Poolreinigung, ...
...	Garantie & Gewährleistung	Wertermittlung, Verkauf, Erbe
	...	...

Abbildung 30: Kundenreise „Bauen" im Beyond Banking

Im Beyond Banking Ökosystem wird die tatsächliche Kundenreise ganzheitlich über das klassische Bankgeschäft hinaus begleitet. Das regionale Netzwerk ist dabei entscheidend.

Die Abbildungen veranschaulichen das umfassende Potenzial, welches das Ökosystem für die Bank bereithält. Durch die Schaffung einer Vielzahl von Kontaktpunkten wird die Kundenschnittstelle gestärkt, wodurch die Bank im täglichen Leben der Kunden relevant bleibt. Gleichzeitig wird die Generierung zusätzlicher Daten ermög-licht, die eine personalisierte Kundenbetreuung durch Mehrwertdienste erleichtern.

Durch die Nutzung ihres regionalen Netzwerks entlang der Kundenreise ist die Bank in der Lage, sinnvolle Vernetzungen und Vermittlungen zu schaffen, was zu zusätzlichen Ertragsströmen führen kann.

Beyond Banking als nachhaltige Zukunftsstrategie

Es zeichnet sich ab, dass eine nachhaltige Ertragsstrategie für Banken auch in Zeiten steigender Zinsen unverzichtbar ist. Beyond Banking behält einen sehr hohen Stellenwert und gilt als Instrument zur Stabilität, Diversifizierung und Unterstützung des Kernbankgeschäfts.

Um von den Vorteilen des kapitalmarktunabhängigen Geschäftszweigs profitieren zu können, sollten Banken nicht nur eine Strategieagenda aufstellen, sondern auch eine schnelle Operationalisierung anstreben. Die Startvoraussetzungen – die flächendeckende, dezentrale und analoge Struktur – sind gegeben. Nur in dieser Kombination ist ein Beyond Banking Ökosystem komplementär realisierbar.

Es bleibt jedoch wichtig zu betonen, dass das Kernbankgeschäft nach wie vor das Fundament der Bank darstellt und das regionale Netzwerk sowie die Kundennähe als Differenzierungsmerkmal für Regionalbanken von hoher Bedeutung sind. Durch den zusätzlichen Einsatz von Beyond Banking als Alleinstellungsmerkmal können Banken ihre Kundenschnittstelle sichern und zusätzliche Erträge generieren. Insgesamt kann Beyond Banking eine wichtige stabilisierende Säule für Banken sein und somit einen wertvollen Beitrag zur Zukunftsfähigkeit der Branche leisten.

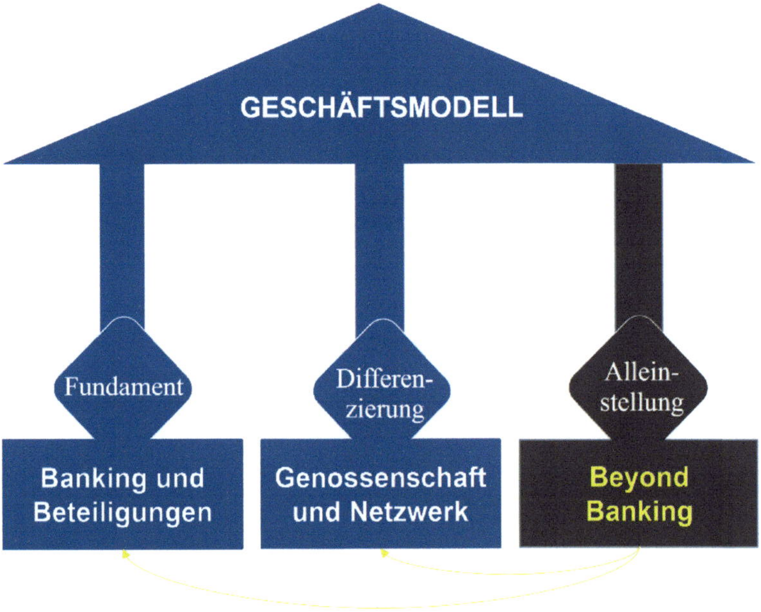

Abbildung 31: Erweiterung des Geschäftsmodells um Beyond Banking (Quelle: Raiffeisen OÖ Ventures)

Das fundamentale Geschäftsmodell der Regionalbanken wird um Beyond Banking erweitert. Das erweiterte Leistungsportfolio stellt ein Alleinstellungsmerkmal dar.

Zu den Personen:

Binjamin Sancar *hat einen Background im Private Equity sowie Management Consulting.*

In seinen Projekten begleitete er Banken und Bankengruppen im Strategieprozess, in der Entwicklung von Kunden-/ Vertriebsstrategien und innovativen Geschäftsmodellen sowie im Aufbau digitaler Ökosysteme.

Er ist Vorstand der Raiffeisen OÖ Ventures, der oberösterreichweiten Sektorgenossenschaft für die Entwicklung und Umsetzung von Beyond Banking Initiativen als zukünftige Geschäftsmodelle für Raiffeisen.

Christoph Seiser *ist im Bereich IT & Digitalisierung in der Raiffeisen Landesbank Oberösterreich AG tätig.*

Zuvor war er lange Zeit in einer leitenden Position im Bereich der Bankbuchsteuerung und hat umfassende Erfahrungen im Aufbau und der Leitung des Treasury.

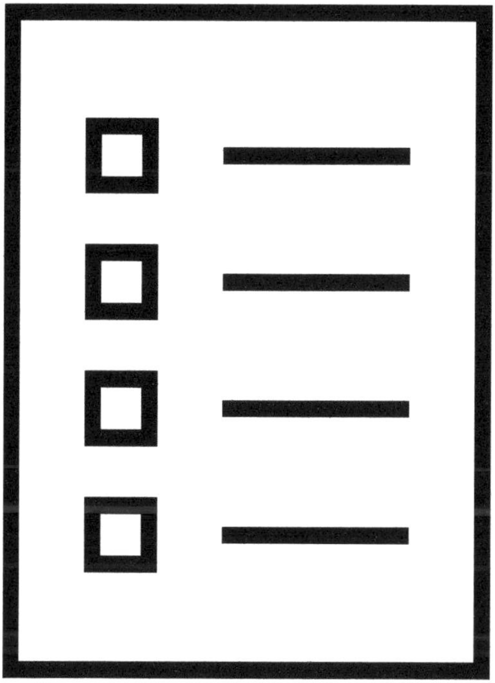

Strategische Ableitungen

Emotion statt ausschließlich Fakten – dann klappt's auch mit dem Kunden

Unternehmen, die von der Zielgruppe nicht als „Brancheneinheitsbrei" wahrgenommen werden möchten, müssen sich von der Konkurrenz unterscheiden. Sie müssen ihren USP und ihre möglichst eindeutige Positionierung definieren. Das funktioniert bei Banken nicht über Produkt- und / oder Konditionenpolitik. Die Angebote sind zu einem derart hohen Grad austauschbar, dass für Kunden eine Unterscheidbarkeit nicht möglich ist. Das gilt sowohl für den Auftritt in der digitalen Sphäre als auch die physische Präsenz der Institute.

Produkte, angemessene Konditionen und ein ausreichendes Online-Angebot sind Hygienefaktoren. Dinge, die von den Kunden als Standard erwartet werden – nicht mehr und nicht weniger. Das Erfüllen dieses Mindeststandards reicht manchen Banken aus. Sie stellen somit ein weiteres „Me Too" Angebot dar. Wer sich davon allerdings positiv absetzen möchte, muss die Zielgruppe auf der emotionalen Ebene ansprechen.

Einen Ansatzpunkt dazu bietet der Trend der „Sinnökonomie". Dieser formuliert die Erwartung der Menschen, dass Unternehmen – und damit auch Banken – über ihr eigentliches Kerngeschäft hinausgehend einen gesellschaftlichen Nutzen bzw. Purpose bieten. Dieser kann typischerweise entlang der Themen

ESG (Ökologie, Soziales, Governance) dargestellt werden. Indem sich Banken der Green Finance verschreiben, sich soziale Themen an die Fahnen heften oder sich besonders stark lokal und regional engagieren. Green bzw. Sustainable Finance bietet sich schon daher an, weil vonseiten des Regulators ohnedies entsprechende Vorschriften zur Dekarbonisierung der eigenen Investitionen und Kreditengagements formuliert wurden.

Ein Unternehmen braucht eine Daseinsberechtigung

Gegenwärtig befinden wir uns in einer Phase der gesellschaftlichen Verunsicherung. Man spürt, dass etwas zu Ende geht und sich etwas nicht mehr im gewohnten Sinne steigern lässt. Bedeutungen verschieben sich und es entsteht eine neue Sinn- und Zukunftsdebatte. In der „Next Economy" treten Umwelt, Unternehmenskultur und Gesellschaft in eine neue Beziehung. Unternehmen, die die Frage nach dem „Warum?" bzw. dem Purpose nicht beantworten können, werden es schwer haben. Nicht nur Mitarbeiter zu finden, sondern der Zielgruppe auch ihre Daseinsberechtigung zu erklären.

Sich in diesem Kontext zu positionieren bzw. in diesen Kategorien zu denken, fällt vielen Bankern schwer. Sie sind es gewohnt, mit Fakten zu arbeiten und zu argumentieren: Konditionen, Gebühren, Laufzeiten, Sicherheiten. Dabei ignorieren sie die Erkenntnis der Neurowissenschaft, dass 80 Prozent aller Kaufentscheidungen unbewusst getroffen werden. Wenn wir wissen, dass Menschen Entscheidungen nicht rein rational treffen, werden wir unsere Kommunikation dahingehend anpassen müssen.

Menschen kaufen Belohnungen und rechtfertigen bzw. begründen diese „irrationale" Entscheidung anschließend mit vorgeschobener Ratio – also den Fakten, mit denen die Banken hantieren. Tatsächlich entscheidend ist aber die von einer Bank transportierte Emotion. Darum ist es so wichtig, den emotionalen Mehrwert der eigenen Produkte, Dienstleistungen oder Marke zu kennen. Wofür macht ein Unternehmen das, was es eigentlich macht? Was ist seine Vision, der Antrieb, das höhere Ziel der Marke? Wie lautet das „Why"?

Dieses „Why" kann man auch Purpose oder Unternehmenswerte nennen. Wichtig ist: Ein Unternehmen muss wissen, welchen emotionalen Mehrwert es seinen Kunden bietet. Und dieser muss sich klar vom Mitbewerb differenzieren.

Die anziehungsstärksten Marken stellen vor allem den Menschen und Kunden mit seinen Bedürfnissen, Wünschen und Sehnsüchten in den Mittelpunkt (siehe Amazon, Netflix, Airbnb oder auch Apple). Aus dieser Erwartungshaltung an Service und Mehrwert blicken viele junge Menschen auch auf eine Bankmarke.

Der besondere Reiz der Ableitung einer glaubwürdigen, attraktiven und differenzierenden Positionierung liegt in den positiven betriebswirtschaftlichen Effekten, die mit diesem Verfahren einhergehen können. Durch die wahrnehmbare Vermittlung unterschiedlicher Value Driver wird für ein fast identes Produkt ein Vielfaches mehr bezahlt. Diese Preisbereitschaft lässt sich nicht mit dem funktionalen Nutzen eines Produktes erklären.

Der objektive Nutzen ist bei jedem Bankprodukt so gut wie identisch. Es liegt aber an der Unverwechselbarkeit, die manche Banken durch eine glaubwürdige, attraktive und differenzierende Markenpositionierung erreichen. So wie die Zielgruppe für Sneaker von Nike das Doppelte bezahlt, wie für einen qualitativ absolut vergleichbaren Schuh von Puma, sind Bankkunden bereit, für ein quasi identes Produkt einer Nachhaltigkeitsbank oder einer hippen „Mobile First" Bank höhere Kosten zu berappen.

Kunden, die eine starke emotionale Bindung zu einem Unternehmen oder einer Marke haben, bleiben dieser in der Regel länger treu, sind weniger preissensibel und empfehlen sie auch eher weiter.

Über das Kerngeschäft hinausdenken

Das sind auch positive Nachrichten für die klassische Regionalbank mit Filialapparat. Ihr emotionaler Mehrwert sind physische Präsenz und persönliche Betreuung. Aber auch hier erzwingen Digitalisierung und technologischer Fortschritt Anpassungen. Der Fokus muss sich verschieben, von der reinen Transaktions- und Verkaufsleistung hin zu einem umfassenderen Beratungs-, Betreuungsansatz, Informations- und Kommunikationsansatz. Ansonsten besteht keine wahrnehmbare Differenzierung zur digitalen Konkurrenz.

Die Wichtigkeit von räumlicher Nähe zur Filiale und Häufigkeit direkter Kundentermine nimmt ab. Die Bedeutung der physischen Präsenz bleibt allerdings für Beratung und Unterstützung bei komplexeren Produkten oder nicht-alltäglichen Geldgeschäften bestehen. Entsprechend sind die Filialen an die neue Geschäftswelt und die neuen Bedürfnisse anzupassen.

Differenzierungspotenzial besteht dann, wenn die Beratungsleistung in der Filiale über das eigentliche Kerngeschäft einer Bank hinausgeht. Dafür bietet sich etwa das Geschäftsfeld der KMU an. Diese müssen vermehrt Zuständigkeiten und Verantwortungen in einer immer länger werdenden Liste von Themen wahrnehmen. Diese reicht vom ArbeitnehmerInnenschutzgesetz über DSGVO und Nachhaltigkeit (Lieferkettengesetz) bis hin zum HinweisgeberInnenschutzgesetz. Insofern stellt sich die Frage, ob Banken mit ihrem Know-how und ihren Ressourcen als Netzwerkpartner entsprechende Leistungen zur Verfügung stellen können.

Ein Wettbewerbsvorteil kann erzielt werden, wenn es den Beratern gelingt, kundenorientiert und ohne Verkaufsdruck nicht einfach Produkte anzubieten, sondern Lösungen. Das gilt auch für den Retail-Bereich. Der Kunde, der in die Filiale kommt, um über Wohnbaufinanzierung zu sprechen, hat in erster Linie seinen Hausbau im Kopf. Der Kredit ist nur ein Teil der Lösung – warum sollte sich die Bank nicht auch anderer Teile annehmen?

Hier setzt das Konzept des „Beyond Banking" an: ein Geschäftsmodell, welches das traditionelle Leistungsportfolio um banknahe und bankfremde Leistungen erweitert. Damit kann ein kapitalmarktunabhängiger Geschäftszweig etabliert werden, welcher stabile zusätzliche Provisionserträge generiert. Diese Erträge belasten nicht das Eigenkapital der Bank. Gleichzeitig führen sie zu einem besseren Ergebnis und erhöhen die Eigenkapitalausstattung, wodurch Banken wiederum weitere Kredite verleihen und mehr Zinserträge mit Core Banking generieren können.

Außerdem stellt Beyond Banking die Chance dar, ein emotionales Erlebnis im Kontext der Bank darzustellen. Indem man etwa Menschen und Unternehmen in einer Region durch einen einfachen Zugang zum Netzwerk der Bank verknüpft. Kunden erhalten somit für alle Lebenssituationen und Bedürfnisse eine regionale Lösung aus dem eigenen Banknetzwerk.

Ein breit aufgestelltes Beyond Banking Ökosystem, das möglichst viele Lebensbereiche abdeckt, schafft Relevanz durch die Weiterentwicklung vom finanziellen zum generellen Alltagsversorger und fördert die emotionale Bindung zur Bank.

Im Beyond Banking Ökosystem wird die tatsächliche Kundenreise ganzheitlich über das klassische Bankgeschäft hinaus begleitet. Das regionale Netzwerk ist dabei entscheidend. Durch die Schaffung einer Vielzahl von Kontaktpunkten wird die

Kundenschnittstelle gestärkt, wodurch die Bank im täglichen Leben der Kunden relevant bleibt.

Empathisch und mutig in die Zukunft

Um lösungsorientiert denken zu können, ist es notwendig, die Perspektive zu wechseln. Nicht aus der Innensicht einer Bank auf Kundenthemen zu blicken, sondern aus dem Blickwinkel des Kunden selbst. Dafür braucht es Empathie. Empathie meint ein tiefes Verständnis für die Bedürfnisse und Gefühlswelt der Zielgruppe. Eine zentrale Rolle spielt dabei die User Experience: Wie geht es den Kunden, wenn sie versuchen mit uns zu interagieren, wenn sie versuchen, von uns beraten zu werden, von uns ein Produkt zu kaufen?

Das betrifft nicht zuletzt digitale Erfahrungen, die Kunden mit Kreditinstituten machen. Gerade bei Banken sind die Dienstleistungen extrem ähnlich. Ein Konto ist ein Konto und ein Kredit ist ein Kredit. Eine gut gemachte digitale Oberfläche ist daher eine der wenigen Möglichkeiten, sich deutlich zu differenzieren.

Grundsätzlich würde eine etwas mutigere und emotionalere Herangehensweise Banken für ihr Publikum sichtbarer machen. Einfach mal die Argumentation anhand von Fakten links liegen lassen und auf emotionale Positionierung setzen. Wer das erkennt, kann auch unübliche Instrumente wie Gamification oder Influencer Marketing testen. Die Alternative wäre, weiterhin im Strom der gesichtslosen und kaum unterscheidbaren Angebote für Finanzdienstleistungen mitzutreiben.

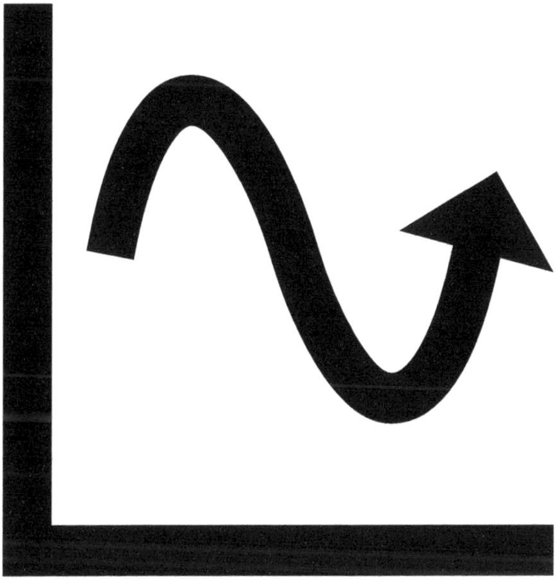

Abbildungsverzeichnis

Literaturverzeichnis

Almquist, Eric et al. (2016). *The Elements of Value*. Abgerufen am 15. 9. 2023 von https://hbr.org/2016/09/the-elements-of-value

Baerns, B. (2004). Leitbilder von gestern? Zur Trennung von Werbung und Programm. Eine Problemskizze und Einführung. In B. Baerns, *Leitbilder von gestern? Zur Trennung von Werbung und Programm. Eine Problemskizze und Einführung* (S. 13-42). Wiesbaden: Verlag für Sozialwissenschaften/GWV Fachverlage GmbH.

Bocks, B. (2019). *Finanzdienstleiter bauen auf Influencer Marketing*. Abgerufen am 12. 8. 2020 von https://www.springerprofessional.de/bankstrategie/social-media-marketing/mit-influencern-die-finanzbildung-verbessern/16800182.

Büschgen H. E. & C. J. Börner. (2003). *Bankbetriebslehre. (4. Auflage).* Stuttgart: UTB.

Daum, W. & J. Degel. (2005). Kundenbindung im Marketing – das Maß vieler Dinge. In Effert, D. & W. Ronzal (Hrsg.), *Erfolgreiche Vertriebsstrategien in Banken* (S. 21-32). Wiesbaden: Springer Gabler.

Deges, F. (2018). *Quick Guide. Influencer Marketing. Wie Sie durch Multiplikatoren mehr Reichweite und Umsatz erzielen.* Wiesbaden: Springer Gabler.

DIM. (2020). *Influencer Marketing – Der Einfluss von Meinungsmachern.* Abgerufen am 20. 7. 2023 von https://www.marketinginstitut.biz/blog/Influencer Marke-ting/#2_was_ist_ein_influencer_-_arten_von_influencern.

Edelman, K. et al. (2022). *Deloitte Insights. 2023 banking and capital markets outlook.* Deloitte.

Forum Nachhaltige Geldanlagen e.V. (Hrsg.) . (2023). *Marktbericht nachhaltige Geldanlagen 2023. Deutschland und Österreich.* Berlin. Von https://fng-marktbericht.org/fileadmin/Marktbericht/2023/FNG_Marktbericht2023_Online.pdf abgerufen

Giannetti, Mariassunta et al. (2023). *"Glossy Green" Banks: The Disconnect Between Environmental Disclosures and Lending Activities.* Von https://www.bankingsupervision.europa.eu/press/conferences/shared/pdf/20230502_research_conference/Giannetti_paper.pdf abgerufen

Gulati, R. (2022). *Deep Purpose. The Heart and Soul of High-Performance-Companies.* New York: Harper Business.

Jahnke, M. (2018). Ist Influencer Marketing wirklich neu? In M. Jahnke , *Influencer Marketing. Für Unternehmer und Influencer: Strategien, Plattformen, Instrumente, rechtlicher Rahmen.* (S. 1-14). Wiesbaden: Springer Gabler.

Kohn, A. (2016). *Die Macht der Meinung in sozialen Medien.* Abgerufen am 20. 7. 2023 von https://journal-kk.de/andreas-kohn-die-macht-der-meinung-in-sozialen-medien-2/

Kreiger, G. (2022). Brauchen Kunden noch Filialen? In M. Offenhuber (Hrsg.), *Ökologisierung, Krisen und digitales Geschäft* (S. 142-158). Wien: myMorawa.

Kreuzmayr, T. (2019). *Instagram-Account.* Abgerufen am 1. 8. 2023 von https://www.instagram.com/p/B36Pg32h5wK/?utm_source=ig_web_button_share_sheet.

Kühner, A. (2019). *Influencer stellen Kundennähe her. Bankmagazin, 4, (S. 36- 39).* Abgerufen am 5. 7. 2020 von http://www.focus.de/finanzen/news/neues-geschaeftsmodell-mode- macher-in-panik-somischen-instagram-girls-die-branche-auf_id_6520373.html.

Lis, B. & S. Korchmar. (2013). *Digitales Empfehlungsmarketing. Konzeption, Theorien und Determinanten zur Glaubwürdigkeit des Electronic Word-of-Mouth (EWOM).* Wiesbaden: Springer Gabler.

Meffert, H. et al. (2019). *Marketing: Grundlagen marktorientierter Unternehmensführung – Konzepte – Instrumente – Praxisbeispiele (13. Auflage).* Wiesbaden: Springer Gabler.

n/a. (2022). *Finfluencer - Wie Influencer erfolgreich mit Finance Content begeistern*. Abgerufen am 24. 7. 2023 von Reachbird: https://www.reachbird.io/magazin/de/finfluencer/

Nieschlag, R. et al. (2002). *Marketing (19. Auflage).* Berlin: Duncker & Humblot.

Nirschl, M. & L. Steinberg. (2018). *Einstieg in das Influencer Marketing. Grundlagen, Strategien und Erfolgsfaktoren.* Wiesbaden: Springer Gabler.

Offenhuber, M. (2021). Green Banking. *Businessart 03/2021*, S. 18-19.

Offenhuber, M. (2022). Green Banking: Versuch einer Einordnung. In M. Offenhuber (Hrsg.), *Ökologisierung, Krisen und digitales Geschäft.* Wien: myMorawa.

Ostdeutscher Bankenverband. (2021). *Banken in der digitalen Transformation. In: INFOPORT 2021.* Berlin.

Priddat, B. (2010). Vertrauen als Problem. Anhaltende Finanzkrise? *Wirtschaftsdienst. Zeitschrift für Wirtschaftspolitik, 90. Jahrgang. Heft 1.*

PwC. (2018). *Zwischen Entertainer und Werber – Wie Influencer unser Kaufverhalten beeinflussen.* Abgerufen am 10. 7. 2020 von https://www.pwc.de/de/handel-und-konsumguter/pwc-zwischen-entertainer-und-werber.pdf.

PwC. (2020). *How mature is AI adoption in financial services? A PwC Study across the DACH region.* Frankfurt am Main.

Ritsch, H. & C. Prantner. (2022). *Nachhaltige Finanzprodukte.* Wien: Kammer für Arbeiter und Angestellte für Wien.

Ruff, H. (2017). *Celebrity- vs. Influencer Marketing? Warum der Vergleich hinkt*. Abgerufen am 27. 6. 2020 von https://www.wuv.de/tech/celebrity_vs_influencer_marketing_warum_der_vergleich_hinkt.

Ruhm, T. (2022). Rechtliche Rahmenbedingungen für „Green Banking". In M. Offenhuber (Hrsg.), *Ökologisierung, Krisen und digitales Geschäft.* Wien: myMorawa.

Schäfer, S. (2022). *Geld oder Liebe? Warum Finanzmarken menschlicher werden müssen.* Nürnberg: BrandTrust.

Siegel, D. J. (2012). *Mindsight. Die neue Wissenschaft der persönlichen Transformation.* München: Goldmann.

Sinek, S. (2011). Start with Why. How Great Leaders Inspire Everyone to Take Action. New York: Penguin Publishing Group.

Sparkasse und Erste Bank. (2020). *#glaubandich.* Abgerufen am 24. 7. 2023 von https://www.sparkasse.at/sgruppe/kampagne/glaub-an-dich.

Stauropoulou, A. et al. (2023). The role of customers' awareness towards the sustainable development goals (SDGs) of banks on their behavior. *Environmental Science and Pollution Research, 30*, S. 13495 –13507. Von https://doi.org/10.1007/s11356-022-23111-8 abgerufen

Tamblé, M. (2015). *Was ist Influencer Marketing?* Abgerufen am 24. 7. 2023 von https://www.influma.com/blog/was-ist-Influencer Marketing/.

Tegtmeier, K. (2017). *Micro, Macro, Nano und Mega – die Unterschiede von Influencern in in Reichweite und Einfluss.* Abgerufen am 20. 9. 2020 von https://espresso-digital.de/2017/10/12/micro-macro-nano-und-mega-die-unterschiede-von-influencern-in-reichweite-und-einfluss/.

Walzhofer, N. (2020). *Möglichkeiten und Grenzen von Influencer Marketing bei der Vermarktung von Finanzprodukten. Masterarbeit.* Seekirchen am Wallersee: Privatuniversität Seeburg.

Walzhofer, N. (2023). Interview zum Thema Influencer Marketing mit Klaus Lackner, Social Media Manager der Erste Bank.

Waschbusch, G. (n/a). *Bankenmarketing.* Abgerufen am 26. 9. 2020 von https://www.gabler-banklexikon.de/definition/bankmarketing-56013.

Wimmer, K. (2022). Sustainable Banking. Die Rolle der Banken bei der Transformation der Gesellschaft hin zu mehr Nachhaltigkeit – wo stehen die Banken 2022? Stuttgart: Fraunhofer-Institut für Bauphysik, msg GillardonBSM AG.

Impressum

1. Auflage, Krems, Oktober 2023

Medieninhaber: RIM Management KG, Kremstalstraße 53/1/3, Krems

Redaktion und Lektorat: Elisabeth Winkler, BA

Verlag: Buchschmiede von Dataform Media GmbH, Wien

www.buchschmiede.at

ISBN: 978-3-99152-889-0

Banken-Symposium Wachau im Web: www.banken-symposium-wachau.at

PRINTED IN AUSTRIA